# 美智子さま　その勁《つよ》き声

工藤美代子

毎日新聞出版

# はじめに

あの日のことは、今も鮮明に憶《おぼ》えている。天皇陛下のビデオメッセージがNHKテレビで流れると知り、居間に座っていた。

画面に映し出された明仁《あきひと》天皇は、いつもと変わらぬ柔和な表情を浮かべて、ゆっくりとメッセージを読み始めた。

それほど長い時間ではなかった。平成二十八年八月八日のことである。

聞き終わった私は、しばらく呆然《ぼうぜん》としていた。これは平成における「天皇の人間宣言」なのだろうか。日本の政府、そして諸外国にはどのように受け止められるのか。特に日本に対して批判的な近隣諸国はどう解釈するのだろう。などといったさまざまな疑問が、大きな風船のように、脳内にパッと放たれた。

おそらく、日本人のほとんどが、あの放送によって、ある種の覚醒を迫られたといえるだろう。天皇自身が退位の意思を示されたのである。前代未聞のご提案である。これまでの天皇に対する認識を修正する必要があるのは確かだった。

同時に次のようなくだりがある。

「私が天皇の位についてから、ほぼ二十八年、この間《かん》私は、我が国における多くの喜びの時、また悲しみの時を、人々と共に過ごして来ました」

日本中のみならず世界各地を訪れ、慰問、慰霊の旅を続けた天皇、皇后の姿が鮮やかに眼前に浮かぶ言葉だ。

たしかに、日本の長い歴史の中で、これほど人々と触れあう機会が多い天皇はいなかった。その傍らには常に皇后がいて、どんな困難な局面でも柔らかい癒やしの光が差していた。

やがて時間が過ぎ去り、平成という時代が一括《くく》りにされて語られる日が来るに違いない。そのとき、日本人はどのような回顧をするのだろうか。

美智子さまは、さまざまな意味で、皇室に新しい風を吹き込んだ方であり、同時代の女性たちに大きな影響を与えた。

それはミッチー・ブームといわれた若い日々に、美智子さまのファッションを真似する女性たちが続出した時代から、現在に至るまで、まったく変わらぬ強いオーラを放っておられるからだ。

その美智子さまとなんらかの接点があった女性たちが抱いている率直な感慨とは何か。彼女たちは、あきらかに美智子さまの背中を見つめ、昭和から平成を走り抜けた。その背中はとてつもなく輝いていたり、大きかったり、遠かったりした。霞《かす》んで見えた日もあったろう。だが誰もが美智子さまのお姿を脳裏に留めながら、ひたすらに、それぞれの困難を乗り越えて生きた。

彼女たちの証言を平成の時代のオーラルヒストリーとして採集しておきたいと思い、取材は始まった。

いかに美智子さまが女性たちの間で大きな存在であったかを、これまでとは違う角度で具体的に書いてみたいと考えて執筆したのが本書である。

# 目次

美智子さま　その勁《つよ》き声

# 第一章　「平民の娘」から「国民の母」へ

## 小泉信三の言葉

昭和三十三年十一月二十七日。すべては、皇太子のお妃《きさき》が正田美智子さんに決定したという正式発表があったこの日から始まった。

皇太子妃となるのは民間出身の女性だった。その姿を初めて新聞、雑誌で見た国民は大きな衝撃を受けた。日清製粉という一企業の経営者の令嬢で、聖心女子大を卒業した才媛《さいえん》だからではない。正田美智子さんの凛《りん》とした佇《たたず》まいは、誰の目もくぎづけにする魅力に溢《あふ》れていた。

婚約発表の記者会見、そして昭和三十四年四月十日のご成婚パレードは、さらに鮮烈な記憶を人々の脳裏に焼き付けた。映画や小説の世界にいるプリンセスではない。可視化され、しっかりと国民の眼前に現れた美智子さまの、なんと華やかで優美なことか。

それから六十年の歳月が流れた。

美智子さまのお出ましのときには、常に「追っかけ」と呼ばれる女性たちが取り巻いている。その中のひとりが、昭和二十四年生まれの伊東久子《いとうひさこ》さんだ。伊東さんの「追っかけ」歴は四十五年あまり。ご成婚当時は、茨城県在住の十歳の少女だった。

あのときの感動は忘れられないと語る。

「お友達の家にテレビがあったもので、ご成婚パレードを中継するのを見せてもらいに行ったんですよ。さあ……二、三十人も押しかけたんじゃないですか。田舎ではまだテレビはほとんどない時代でしたから。お天気が良くて、桜の花びらが散る下を馬車でパレードするでしょう。きれいで、きれいで、それが一番最初のあれかな……」

伊東さんの言う「あれ」とは、何を意味するのか。美智子さまの、プリンセスにふさわしい気品に満ちた物腰を目のあたりにして、強い憧憬《しょうけい》の念が波のように押し寄せてくる。それを「あれ」と表現したのではないか。実はこのとき、伊東さんだけではなく、多くの日本人が「あれ」に遭遇した。戦争の傷痕を背負い、まだ精神的にも物質的にも困窮が続いていた時代である。絵物語のように高貴なプリンセスの誕生は、日本人の心の底をしたたかに直撃した。

そして、平成が幕を閉じようとする現在も、美智子さまはまったく変わらぬ燦然《さんぜん》とした輝きを放っている。伊東さんが言うところの「あれ」はいささかも色あせていない。だから、女性週刊誌は美智子さまの記事を毎週のように掲載するし、さまざまな行事や旅行へのお出ましのたびに、海外でも国内でも報道陣がどっと押し寄せる。いわば、永遠のスーパースターである。

そのスタートには、テレビの急激な普及が大きな役割を果たした。パソコンも携帯電話もない時代に、立体的な皇太子妃の姿を、リアルタイムで見られるようになったのである。

「テレビを持っていた家の子がみち子っていうんですよ。もうその名前が羨《うらや》ましくって、そしてもう一人の友達も松田みち子っていうんですね。それは読み方によっては『しょうだみちこ』とも読めるでしょ。そんなことでもすごく羨ましいなあって」

しかし、伊東さんには疑問が一つあった。テレビやラジオは、やたらと「平民から皇室に嫁がれた」と言っている。

「平民ってね、ほら私たちのことを指すのかなって思っていたの。それで、会社の社長令嬢なのに、どうして平民なんだろうって不思議で、おじいさんに聞いたのよ。そうしたら、この人は皇族じゃないから、平民なんだよって教えてくれたわけ。でもねえ、社長令嬢からプリンセスになったのに、なんでこんなに素敵で立派な人を、皆が平民、平民って言うのかなって思いましたよ」

彼女が抱いた違和感を、実は多くの人たちが共有していた。新時代にあっては、皇族や華族の出身でなくとも、優秀な一般女性からこそ妃殿下は選ばれるべきだと主張したひとりが小泉信三だった。終戦後、吉田茂首相から文部大臣就任を打診されたが断り、東宮御教育常時参与として迎えられた人物である。皇太子の人格形成に大きく関わったといわれている。その影響で、皇太子は妃選びにあたって「人情に通じて、そういう深い思いやりのある人に助けてもらわねば」という発言をしたという。そこから「できるだけ広い範囲から選ぶ方針」が立てられ、民間出身の妃誕生を後押しする助けとなった。

だが、守旧派と呼ばれる元皇族、華族、あるいは学習院の卒業生たちの間では納得しない意見が多かった。皇族の妃たちをも巻き込んだ露骨な反対運動があったのは周知の事実である。だからこそ、報道機関は美智子さまが平民出身であると、声高に強調したのだった。

**雑誌や本を古本屋で買いまくった**

伊東さんの育った家庭は昔ながらの三世帯同居。両親と妹、そして父方の祖父母がいた。このときまで新聞を読むのは、もっぱら祖父や父だった。ところがご成婚報道を境に、祖母も熱心に新聞を読むようになった。それは美智子さまに関する記事を探すためだった。

「たとえば、美智子さまが浩宮《ひろのみや》さまを置いて東南アジアに行かれたとかいう記事が出るでしょ。それをめくってジーッと見ているんですよ。その記事だけは見ている。そのうち、おばあちゃんがリウマチになって、横になっていることが多くなったのね。それでも新聞を見ているから、新聞ってけっこう大きくて幅があるじゃないですか。だから、スクラップにすれば見やすいかと思ったの。もういらなくなったノートに貼ってあげたのが、皇室関係のスクラップの始まり」

新聞紙面にはまだカラーページはなかったが、美智子さまが東南アジアで牛乳を飲んでいる大きな写真が一面を飾ったのを覚えているという。

ご成婚の翌年、昭和三十五年二月二十三日に、第一子である浩宮徳仁《なるひと》さまが誕生した。そのわずか七カ月後に、美智子さまは幼子を日本に残して日米修好百周年記念のため、皇太子とともに渡米している。同じ年の十一月十二日には、イラン、エチオピア、インド、ネパール、タイを訪問し、十二月九日に帰国した。なんともハードなスケジュールだが、国民の関心はもっぱら美智子さまのマナーや語学力、そしてファッションへと集中した。

また、年配の女性たちは、一歳にもならない子どもがいるのに、長期の旅行に出なければならない美智子さまの心情を思いやって心配した。伊東さんの祖母も同じ思いで写真を見つめていたのかもしれない。

だが、美智子さまは日本を発《た》つ前に侍従や女官に対して、育児方法を何項かに記したメモを託していた。

「一日一回くらいはしっかり抱いてあげてください」に始まるこの決まりは、後に「ナルちゃん憲法」と呼ばれて有名になる。美智子さまは若い母親であるが、きちんと子育てもし、自己主張もする女性であることを世間に印象づけた。

伊東さんは二十歳で就職し、生まれて初めて給料をもらうと、日曜日になるのを待ちかねて、飛ぶように東京・神田の神保町へ向かった。美智子さまの写真や記事の出ている雑誌や書籍を古本屋で買うためだ。

「今まで見たこともなかった女性週刊誌がたくさんあって、全部買うと重いでしょ。だから小さな記事が一ページしか載ってないのは、買った後でそのページだけ破って、『あとは置いていきます』って言ったときもあった。だってもう、すごい数になりましたからね」

戦後、女性週刊誌は次々と創刊された。『週刊女性』創刊が昭和三十二年、『女性自身』が同三十三年、そして『女性セブン』が同三十八年である。また、現在は廃刊になっているが、『ヤングレディ』(同三十八年)や『微笑』(同四十六年)といった雑誌も刊行されていたので、伊東さんが神保町に通ったころはまさに女性週刊誌の黄金期だった。それは、団塊の世代の女性たちが自分の小遣いで週刊誌を買えるようになった時代とも一致する。

こうした女性誌が最も総力を注いだテーマが皇室関連の記事だった。人気絶頂の芸能人も大きく取り上げられるが、時代とともに顔ぶれが次々と変わった。しかし、皇室の記事、特に美智子さまに関連したニュースは、毎週必ず掲載され続けている。残念なことに、それらがすべて信頼のおける記事だったわけではない。中には、報道協定に違反し、美智子さまの水着姿を撮影・掲載した記事や、美智子さまが「女官が御所言葉を使うと叱る」といった、事実と相違する記事もあった。どんなに看過しがたい記事が掲載されても、宮内庁からの抗議で終わるのがせいぜいだ。そのため引き続き無責任な記事が野放しになっている実態は、今もあまり変わっていない。

## 妃の顔に浮かぶ苦悩の跡

伊東さんが、伯母に誘われて、初めて皇居の一般参賀に向かったのは二十歳の時（昭和四十四年）だった。遠くに見える美智子さまを写真に収めた。この年が、ガラス越しではないお手振りが見られた最後だった。翌年からは防弾ガラスが設置された。持っていたカメラは、けっしていいものではなかったし、遠くからしか撮れなかったが、白黒の写真に写った美智子さまは輝いて見えた。

二十四歳で結婚した伊東さんは、夫となる人に美智子さまのスクラップを作っていることは打ち明けなかった。嫁入り道具の箪笥《たんす》の一番下の引き出しに、収集した〝文献〟をそっとしのばせた。

ところが、伊東さんのひそかな楽しみは夫に悟られてしまう。

「あのころはテレビで『皇室アルバム』とか、そういう番組をすごく朝早くにやっていたのね。今みたいにビデオもないでしょ。それで、六時くらいに起きてテレビに映る美智子さまをカメラで撮っていたのよ」

冬は寒くて頭から毛布をかぶって、画面に向かって懸命にシャッターを押す。そんな姿をある日、夫に見られてしまった。いくらなんでも可哀そうだと思った夫は、ビデオが撮れる機械を買ってくれた。

伊東さんは、自分なりの見方で、美智子さまの姿を追っていた。その観察は、時にはっとさせられるほど鋭い。結婚した直後くらいに、伊東さんが住む町の駅に美智子さまが立ち寄られたことがあった。

「びっくりしました。遠くから拝見して美智子さまがサングラスをかけられていると思ったんです。でも違ったんです。目の周りが黒くなっていて、クマができていた。それだけご心労でおやつれだったんでしょう」

美智子さまがお疲れだった様子が直截《ちょくせつ》に伝わってくる表現だ。実際、その数年前には肋骨の手術を受けられ、その後、葉山の御用邸が焼失し、日光駅では暴漢に襲われそうになる事件まで起きた。

日本は大阪万博に沸き、札幌オリンピックも盛況のうちに終わり、国際社会への関心が高まっていた。目覚ましい経済発展とあいまって、皇太子夫妻の海外への日程もぎっしりと詰め込まれた。

昭和五十年には初の沖縄訪問を果たしたが、ひめゆりの塔で火炎瓶を投げつけられる事件が起きた。同じ年には、昭和天皇夫妻が初のアメリカ外遊に飛び立った。飛行機のタラップに並んで見送る皇族の中で、美智子さまだけが皇后から完全に無視された。その様子がテレビ中継で伝えられ、同情の声が上がった。

「ご苦労している顔、煩悶《はんもん》している顔だなあ。われわれには想像もつかない何かがあるんだよ」とは、漫画家のサトウサンペイがこのとき週刊誌に寄せたコメントだった。

**誰にでも平等**

二人の娘に恵まれた伊東さんは、夫の理解もあって、行動の幅がさらに広がってゆく。一年間、せっせと貯金をして、夏休みは一家で軽井沢へ旅行することが年中行事となった。二十四歳で結婚してから四十五年あまり、それがずっと続いている。

軽井沢は伊東さんが美智子さまに会える唯一の場所だった。といっても直接お会いするわけではない。軽井沢のテニスコートといえば、皇太子さまと美智子さまが昭和三十二年に初めて出会った思い出の場所だ。そのテニスコートの脇で、伊東さんはじっと美智子さまのお出ましを待つ。

「なんで軽井沢かというと、あの場所はね、ちょっと特別だと思うんです。美智子さまにとってですよ。まだ妃殿下のころは、警備もそんなにうるさくなくって、いよいよいらっしゃるときって、テニスコートにオバサンたちが出てきて水をかけるんですよ。暑いから。それでわかるんです。通行人も『あっ美智子さまがテニスしてる』とか言うだけで、立ち止まらずに通り過ぎていました」

ある夏、伊東さんは思いがけない光景を目撃した。テニスコートの横で暴走族のような若者たちが地面に座り込んでいる。黒い革ジャンを着て、バイクを横に置いていた。サングラスの面構えはいかにも威圧的だった。テニスを終えた美智子さまは、ごく自然な足取りで彼らに近づくと「どちらからですか?」と優しい口調で尋ねた。驚いたのは若者たちだった。どこそこの町から来ましたと答えると、美智子さまは静かにうなずいて去って行った。その後ろ姿を見ながら、若者たちは興奮さめやらぬ口調で「おい、俺たち一般参賀に行こうな。絶対行こうな」と互いに繰り返していた。

「美智子さまは誰にでも平等に接する方なんだ」と伊東さんはあらためて感動し、「母のような方」と感じた。

子どもたちが成長すると、伊東さんの動きはさらに多彩になってゆく。そしてまったく予期していなかったのだが、美智子さまも伊東さんの顔を次第に覚えてくれるようになったのだった。

伊東さんには、恒例行事がある。一月二日に行われる新年一般参賀を最前列で見るために、早朝から皇居の正門前に並び、お出ましの際の美智子さまを撮影するのだ。新年一般参賀のお出ましは、平成二十一年から五回になった。伊東さんは、そのすべてを見るため、長時間その場に立つ。一度でも場を離れたら、二度と同じ位置には戻れないからだ。

いよいよ、二〇一九年の四月末には平成という時代は終わる。ふと思うのは、もう天皇、皇后両陛下のお姿を見るのがかなわなくなるのではないかという不安だ。

同じ危惧を感じる人は多いのだろう。同年一月二日の新年一般参賀には、約十五万四千八百人もの人が皇居を訪れた。平成に入って最も多い人数だ。

美智子さまのどんなところに、人々は惹きつけられるのか。皇太子妃時代から現在にいたるまでの肖像写真を眺めていると、あくまで私見だが、三段階にわたって少しずつ表情が変化している印象がある。

妃殿下となった前後の美智子さまの双眸《そうぼう》は、若々しく凛とした光を放っている。これからの人生を切り開く意欲が満々と湛《たた》えられていた。やがて、宮中内のさまざまな軋轢《あつれき》に対《たい》峙《じ》して、やつれが見える時期が続く。そのころの写真は、研ぎ澄まされたような一種凄絶《せいぜつ》な美貌である。

ある時期、急激にやせたことがある。よほどのお悩みかと、新聞、雑誌が書き立てたが、正田家の女性はみな年齢を経るにつれて細くなるのだと、美智子さまの身内の方から直接聞いたことがある。母の冨美（昭和五十六年に富美子と改名）も、美智子さまの婚約発表当時は四十九歳だったが、細身の女性だった。しかし、若いころは丸いふっくらとした顔立ちをしていたという。

そして昭和天皇が崩御したあたりから、美智子さまの表情は柔らかくなる。確執があったと伝えられる良子《ながこ》皇太后（香淳皇后）を献身的に介護して、実の娘にも劣らぬ孝養を尽くしていた。

## しっかりと顔を覚えてくれた

そんな美智子さまを待っていたのが、思いもかけない週刊誌などのバッシングであった。簡単にいえば、皇后にふさわしくない振る舞いがあるという指摘だった。いずれも真実ではなかったが、心痛のあまり、平成五年十月二十日、五十九歳の誕生日に美智子さまは倒れた。失声症と診断され、療養の日々が続く。当時の美智子さまの表情に怒りの気配は見えない。むしろ限りない悲しみを宿した瞳が、多くの国民の胸を衝《つ》いた。

平成七年の阪神・淡路大震災のとき、被災者を慰問した美智子さまの姿が、今でも瞼《まぶた》に焼き付いている人は多いだろう。兵庫県西宮市の体育館や芦屋市の小学校を見舞い、神戸市長田区の菅原市場に立ち寄った帰り道、バスの中で手を握りしめ、何度もこぶしを振った。手話のポーズで「がんばってください」と語りかけたのだ。この瞬間、被災者も国民も、すべてが一体となって大災害から立ち上がる気概に燃えた。「美智子さまは国民の母になられた」と伊東さんは言う。こころないバッシングなどはすっかり影を潜めた。

あれから今まで、美智子さまは常に柔和な笑顔を湛えて人々に接している。それは、日本人に対してだけではなかった。平成五年、声を失われる直前の八月にも、ベルギーのボードワン国王の葬儀に参列した。必ずしも体調は万全ではなかったはずだ。翌年五月に恢《かい》復《ふく》すると間もなく、アメリカ、ヨーロッパを訪れ、現地の人たちに温かく迎えられた。

日本の皇室と、ベルギー王室との親睦は有名である。さかのぼれば、昭和天皇の皇太子時代、大正十年の訪欧からベルギー王室との交流は始まった。そして戦後になって美智子さまが皇室の一員に加わり、親密の度合いは増したようだ。

ボードワン国王とファビオラ王妃の年齢が天皇、皇后の年齢と近く、同じような境遇へ寄せる思いもあっただろう。冠婚葬祭にはお互いにそれぞれ相手の国を訪れ、子どもたちもまた、ヨーロッパに行けば、ベルギーに立ち寄った。そして、平成二十六年にファビオラ元王妃が崩御した際の美智子さまの行動に、世界中が称賛を寄せた。

八十歳という高齢にもかかわらず、十二月五日に訃報を聞くと、十一日には単身で渡欧し、十二日の国葬に参列、翌日の十三日にはもう帰国の途についたのである。若い人でもためらうような強行軍での行動だった。そこに美智子さまの情実溢れる人柄が感じ取れる。だが、これは相手が王室の方だから特別な厚意を見せたのではない。美智子さまは、どんな人にも等しく誠実に対応しようという気持ちを常に持っている。

伊東さんの回顧に耳を傾けてみたい。

「美智子さまはきっと軽井沢で、私に気づいてくださったんでしょうね。いつも毎年テニスコートのところに私が立っていたから。あれは昭和六十年の夏だったかしら、『どちらからいらしたのですか?』とお声をかけてくださったんです」

伊東さんが地名を答えると、「そうなのね」とうなずいた。それ以来、美智子さまはしっかりと伊東さんの顔を覚えてくれた。

三十数年ほど前のことだ。伊東さんは腰痛がひどくて、医師のすすめで体重を落とした。すると美智子さまは伊東さんの顔を見るなり、「お痩せになりましたね」と心配そうに聞いた。「はい、腰が痛くてダイエットをしました」と答えた。二、三年後に、美智子さまは伊東さんに気づくと、まっすぐに近づいてきて「腰の具合はいかがですか?」と尋ねられた。「あんなふうに記憶力が良い方なんですね」と感慨深げに伊東さんは語った。そして、美智子さまと言葉を交わすそのときの自分の姿を、同行した娘が撮影してくれた一葉の写真をじっと見つめた。

## 勇気を与えてくれる人

伊東さんの自宅は、壁の四方が額装された美智子さまの写真で埋め尽くされている。温和な眼差しを向ける美智子さまは、写真を撮っている伊東さんのことを認識しているのだろう。伊東さんの撮影した写真には、どこかに安心感が漂う、リラックスした笑顔の表情が多い。

「私だって、そりゃあ今までに、いろいろなことがありましたよ。人生だもの。でも、どんなにつらくても苦しくても、家に帰って美智子さまの写真をこうやって見ると、ああ、また頑張ろうって思えるんですよ。こんな言い方は失礼だけど、私はいっつも思うの。美智子さまは飽きないって。これがもしも芸能人の追っかけとかしていたら、絶対に飽きたでしょうね。でも美智子さまは違った。いつも、いつも、勇気づけてくれるんですよ」

それは美智子さまだからこそ持っている癒やしの力であり、国民に慕われる母のような存在だからだろう。

東宮妃として迎えられたときから、美智子さまは積極的に人々の間に溶け込みコミュニケーションを取ることをためらわなかった。それは今も変わりはない。しかし、その行為が思いがけない事態を招いたことがあった。

あまりにも有名な、両陛下の被災地慰問の際のスタイルである。最初は皇太子時代の昭和六十一年、伊豆大島・三原山の噴火での慰問の際だった。そして平成七年の阪神・淡路大震災で、両陛下は、発生から二週間後には現地入りした。このとき、避難所に寝泊まりする人々を見舞う光景がテレビのニュースで流れた。誰もが驚いたのは、両陛下がスリッパもはかずに冷たい体育館の床にひざまずき、被災者と同じ目線で会話をし、励ましていたことだった。

なんと労《いたわ》りの気持ちに満ちた姿かと、感涙にむせんだのは被災者だけではなかった。多くの日本人が平成流の新しい慰問スタイルに目を瞠《みは》った。政治家によるおざなりの視察とはあきらかに違うと、国民に知らしめた一幕だった。

しかし、同時に批判も相次いだ。開かれた皇室とはいえ、これはやり過ぎではないか。ここまでされたら、他の皇族が慰問に行ったときはどうすればいいのか。這《は》いつくばるしかないだろうという声もあった。

現在に至るまで両陛下の慰問、慰霊のスタイルは変わっていない。高みから見下ろしての会話はしない。どんな批判があろうとも信じた行動は貫くという勁《つよ》さが、ひしひしと感じ取れる。そして今では、誰もがこのスタイルを受け入れ、感謝している。

## 晴れない表情

伊東さんは、皇居における一般参賀の移り変わりとして、整理券について話してくれた。

「美智子さまがまだ皇太子妃でいらしたころからね、だいたいすごく早く行って、みんな並んで待つんです。整理券が出るのですが、昔はね、それが、みかん箱の段ボールを切って作った札でね、裏側に一番とか二番とか書いてあったの。でも今は薄い紙に番号が印刷してある紙になっているのよ」

その札を伊東さんは大事にスクラップしている。見せてもらうと、たいがいは十番以内だ。どんなに早くから行っても、必ず民族系政治団体の青年たちが何人か先頭に陣取っている。毎年同じ顔ぶれなので、いつしか知り合いになっていた。

「いいよ、いいよ、おばちゃん先に札もらいなよって言ってくれたりしてね。でも、寒い中並んで大変なのはお兄ちゃんたちも一緒だからって遠慮するんだけど、暴風雨で傘もさせないときなんかとっても心配してくれてね」

とにかく長い時間、厳寒の野外に立っているわけだ。手洗いにも食事にも行けない。使い捨てカイロを体中に八個貼っても、寒気はしのび寄ってくる。そんな状況でも、若者が年配の女性を気遣ってくれるのが嬉しいと、伊東さんは笑う。思想信条など関係なく、さまざまな人々が集まって来るのが一般参賀だ。

平成二十八年八月の天皇のビデオメッセージの中に、「即位以来、私は国事行為を行うと共に、日本国憲法下で象徴と位置づけられた天皇の望ましい在り方を、日々模索しつつ過ごして来ました」という言葉がある。

この模索の答えは、伊東さんや一般の人々の皇室に対する素直な敬慕の念の中に、見事に収斂《しゅうれん》されているのではないか。そこに難しい解釈は不要だろう。国民の幸せを祈る両陛下の姿が、そのまま日本の象徴となっている。これ以上幸せな双方向の力学はない。

伊東さんの記憶では、美智子さまの表情がいつになく晴れない年があった。笑顔が少ない。歯が見えず、やっと微笑んでいるようだった。そう感じたのは、天皇がテレビを通じて退位の意思をにじませた会見のあった年、平成二十八年の新年一般参賀だった。

「あっ、美智子さまは何かお悩みがあるんじゃないかって、気がついたの。それから夏に、天皇陛下のあの放送があって、翌二十九年のお正月は、もう晴れやかな笑顔でしたよ」

気になって、あらためて伊東さんが撮った平成二十八年の新年一般参賀の写真を眺めると、たしかに美智子さまのお顔には憂いが浮かんでいるように読み取れる。

詳しい事情は知る由もないが、天皇が退位の意思を告げるまでには、幾多の紆余《うよ》曲折があったと聞く。憲法では摂政制度が規定されており、皇室典範には、天皇が病気などの場合は、皇太子が責務を果たすことが記されている。かつて病弱だった大正天皇の時代に、まだ二十歳だった皇太子（後の昭和天皇）が、摂政宮を五年にわたって務めた前例がある。

この間、大正天皇の存在感が希薄になり、貞明《ていめい》皇后が発言力を増したと書く古い文献があるのは事実だ。それらは必ずしも、皇后に対して好意的な評価ではなかった。だから、天皇は摂政制度では問題の解決にはならないという考えを示したのではないか。あくまで仮定ではあるが、もしも浩宮さまが摂政宮に就いたら、皇后である美智子さまの影響力を云々《うんぬん》するメディアが現れないとも限らない。

上皇、上皇后になられたお二人の笑顔はどこで見られるのか。伊東さんだけではなく、多くの国民が考えているだろう。

次章は、美智子さまが今まで歩んでこられた足跡を振り返ってみたいと思う。

# 第二章　意思を持って歩み続ける

## 「虫くいのリンゴ」ではない

どんな人でも、生涯に一度は小説を書けると言ったのは、作家の安岡章太郎だった。自分の人生を書いたら、それが小説になる。他人からはひどく凡庸に見えても、人間の一生には必ず驚くようなドラマが潜んでいる。それを書いたら読み物として成立する。しかし、問題は二作目である。これは創作の才能がなければ続かない。この安岡の言葉を今もときどき思い出す。

そして、最近になって、ふと気づいた。

どんな人でも美智子さまの歩んだ道のりに興味を持ち、資料を集め取材を重ねたなら、必ず一冊の伝記を書くことができるだろう。たとえ、どれほど書き手の才能が乏しくても、執筆対象である美智子さまの生涯は波乱に満ちていながら、多様な普遍性を含んでいる。誰が書いても、読者のこころに訴える作品に仕上がるはずだ。

本章では、そんな美智子さまが歩む数奇な道のりをあらためて振り返ってみたいと思う。まずは正田美智子さんと呼ばれた時代についてである。

昭和九年十月二十日、旧東京帝國大付属病院で美智子さんは産声を上げた。正田英三郎と冨美夫妻の長女で、体重が一貫目（約三・七五キロ）近くもある健康な赤ちゃんだった。

父英三郎は日清製粉創業者の三男で、後に社長となった。日清製粉といえば、かつては群馬県の館林で起業された小さな製粉会社だったが、やがて食品関係では群を抜く大企業へと成長した。

母冨美は佐賀鍋島藩士族・副島綱雄、アヤ夫妻の長女。冨美は上海で生まれ、夫とともにドイツで生活をした経験もあるモダンで知的な女性だった。

美智子さんには兄の巌がおり、その後、妹の恵美子と弟の修が誕生し六人家族となった。

東京・五反田にある池田山と呼ばれる閑静な住宅街で健やかに育つ美智子さんにとって、初めての大きな環境の変化は、長引く太平洋戦争の中での疎開生活だったろう。小学四年生になった昭和十九年に、いったんは藤沢に疎開したが、翌年の三月に祖父が暮らす館林に向かった。

都会から来た学童にとって地方暮らしは、馴染むのが難しい。四谷の雙葉《ふたば》学園雙葉小学校から館林南国民学校への転校である。

「なにしろ田舎の学校でしたから、美智子さんはピカーッと光っていましたよ。見たこともないような綺麗なブラウスを着ていて、肌は透き通るような白さでしょう。その上、頭脳明晰《めいせき》で運動もよくできるんです。初めのうちはみんな嫉妬心もあって意地悪なことをもしたようです。私は一級下だったので詳しくは知りませんが、いじめはあったようです」と、当時の下級生で館林在住の栗原政子《くりはらまさこ》さんは語っている。

実際に喧嘩《けんか》を吹っかけてきた地元の女の子と取っ組み合いになり、頬に引っ掻《か》き傷をつくりながらも応戦し、美智子さんが相手を制したことがあった。この一件以来、みんなが一目置くようになったというのだ。上州館林の方言である「だんべ」の使い方も習得した。これは言葉じりにつくのだが、「だんべですわ」「そうですだんべ」などと言って周囲を笑いの渦に巻き込んだ。

また運動会では、地元の子どもたちと一緒に裸足で走ったり、隊列を組むときには、しっかり並ぶようにと指示したりしていたという。

「勁《つよ》い」という言葉には、〝力がある〟という意味の強さだけではなく、〝折れない、弛《たゆ》まない〟といった響きがある。同時に負けない、くじけないという精神も象徴されている。これは、母の冨美を中心にまとまっていた正田家の家風にも通じる。美智子さんは早い時期から芯の〝勁さ〟を持つ少女だったようだ。

昭和二十年六月、美智子さんは館林南国民学校から祖父母の別荘がある軽井沢東国民学校へ転校し、終戦をこの地で迎える。

時は流れて、平成十年九月にインドのニューデリーで開かれた国際児童図書評議会

（IBBY《イビ》）の会場で、美智子さまの講演ビデオが上映されたことがある。その中で、疎開中に軽井沢で読んだ倭建御子《やまとたけるのみこ》と后《きさき》の弟橘比売命《おとたちばなひめのみこと》の物語から受けた感動を丁寧に語っている。

皇子・倭建御子は反乱を鎮め国内を平定するため東征に出るが、その途中で海が荒れ船は航路を閉ざされる。このとき、弟橘比売命は自ら海神の怒りを鎮めるために入水《じゅすい》した。これより前に、枯れ野を通ろうとした二人は敵の謀略にあって、火を放たれた。炎に囲まれる中で、皇子の気遣いから弟橘は九死に一生を得た。美智子さまは弟橘が海に身を投げる前に歌った別れの歌をビデオの中で紹介している。

　さねさし相武《さがむ》の小野《をの》に燃ゆる火の火中《ほなか》に立ちて問ひし君はも

この古歌の意味を次のように解いた。

「弟橘の歌は、『あの時、燃えさかる火の中で、私の安否を気遣って下さった君よ』という、危急の折に皇子の示した、優しい庇護の気遣いに対する感謝の気持を歌ったものです。（中略）『いけにえ』という酷《むご》い運命を、進んで自らに受け入れながら、恐らくはこれまでの人生で、最も愛と感謝に満たされた瞬間の思い出を歌っていることに、感銘という以上に、強い衝撃を受けました。（中略）愛と犠牲という二つのものが、私の中で最も近いものとして、むしろ一つのものとして感じられた、不思議な経験であったと思います」（美智子

『橋をかける』）

まだ幼い美智子さんが、『古事記』や『日本書紀』から子ども向けに構成された物語を読み、すでに「愛と犠牲」の精神を感じ取っていたとしたら、なんとも暗示的なエピソードである。「愛と犠牲」は、皇室に嫁ぐと決めたときから、国民との黙約としてこころに持っていたことではなかっただろうか。美智子さんは、感受性の鋭い少女として、神話の時代より変わらぬ人間の真実を掬《すく》い上げようとしていたのだ。

終戦を迎えた夏、美智子さんは小学五年生だった。同じく疎開をして奥日光にいた皇太子は、一歳年長の十一歳と八カ月の六年生。昭和天皇は四十四歳、良子《ながこ》皇后は四十二歳。正田英三郎は九月で四十二歳に、冨美は夫より六歳若く、三十六歳になるところだった。それから十二年後に、軽井沢で、皇太子と美智子さんの運命の出会いがあろうとは、もちろん、誰も予想だにしていなかった。

昭和二十二年に聖心女子学院中等科に入学した美智子さんは、同三十二年三月に聖心女子大を首席で卒業した。ただ美しいだけではなくスポーツにも勉学にも秀でた才媛だった。在学中に読売新聞公募作文「はたちのねがい」に応募して四千百八十五編中の二位に選ばれている。

この作文のタイトルは、なかなか刺激的である。「虫くいのリンゴではない」というものだった。

なぜ虫くいという比喩を使ったかというと、それはトーマス・ハーディ原作の『テス』という小説の中にある主人公が言った「この世はリンゴの実のようだ」「虫のついた実とついていない実と……」という表現からだった。ヒロインのテスは、奉公先の青年にレイプされて妊娠、生んだ子どもを自ら埋葬する。そしてテスは、自分は虫くいのリンゴの中に生まれついたという。その言葉に違《たが》わず、彼女に悲劇的な最期が訪れて小説は終わる。

これに対して、美智子さんは高らかに自分の意見を述べた。

「戦争と戦後の混乱を背景に過ごした私達の生活は、確かに恵まれたものではありませんでした。しかし、それはすでに過去のものであり、私達の努力次第で明日は昨日に拘束されたものではなくなるはずです。成人の日を迎える今日、私はこう言いたいのです。『むしばまれたリンゴは私達の世界ではない。私達がその中に住んでいたのは単にある一つの〝期間〟であったに過ぎないのだ』――と」

運命は自分の手で変えられると、成人を迎えた女子大生が決然と述べている。敗戦から十年が過ぎ、いわゆるアプレ気質と呼ばれる若い世代が現れ、「空想界への逃避」や「現実を見つめ過ぎる」傾向が強い中で、これはきわめてポジティブな思考といえる。さらに文章は格調高く、論理的だ。優美な外見とともに、強靭《きょうじん》な意思を備えた女性像が垣間見える。

## お見合い説の真相

才色兼備の美智子さんに求婚する男性がたくさんいたという話はよく聞く。ただし、当時は交際を重ねた上での結婚というのではなく、本人の学歴、容姿、家柄などが釣り合うと考えられたときに、縁談が持ち込まれるというケースがほとんどだった。

その中で、今も諸説が入り乱れるのが作家・三島由紀夫とのお見合い説である。

お見合いは「あった」と三島自身が語った相手の一人は、ジャーナリストの徳岡孝夫だった。昭和四十二年、当時毎日新聞のバンコク特派員だった徳岡に、三島が美智子さんと見合いをしたことがあると唐突に言い放った。徳岡孝夫著『五衰の人』の中で明かされている。ただし美智子さんの部分は「××子さん」となっている。

「と言ってもね、正式な見合いではなかった。まとまらなくても、どちらにも疵《きず》がつかないよう、歌舞伎座で双方とも家族（それとも介添役だったか？）同伴で芝居を見て、食堂で一緒に食事をした。それだけでした」と三島は言ったと徳岡は書いている。

さらに三島の母・倭文重《しずえ》が、息子が凄惨《せいさん》な自裁を遂げた後に女優の長岡輝子に語った言葉がある。それを高橋英郎《ひでお》は自著『三島あるいは優雅なる復讐』の中で紹介している。高橋は演劇・音楽評論家で、平成二十六年に亡くなった。

「でも、あの子には、ふたつだけかなわなかったことがあります。ひとつはノーベル賞をもらえなかったことです。それと、もうひとつは、結婚問題です。本命の人と結婚できなかったんです。お見合いをして、不成立の縁談で、唯一、心残りの方がありました」

それはどなたかと尋ねる長岡に、「正田美智子さんです」と倭文重は顔を紅潮させながら答えたというのだ。

ノンフィクション作家の猪瀬直樹も、拙著『美智子皇后の真実』（文庫版）の解説で、お見合いは「あった」と書く。

「僕は『ペルソナ　三島由紀夫伝』を書くにあたって、この都市伝説を検証した。銀座の路地裏の小料理屋の女将は『この部屋です』と言った。確かにお見合いはしている」

しかし、正田家の関係者は、きっぱりと否定するのである。

「三島由紀夫さんとお見合いをした事実はありません。歌舞伎座にも行っていませんし、お食事に同席したこともありません。ただ、後の話になりますが、浩宮と三島さんのお嬢さんが学習院で同級だったので、幼稚園の保護者会で一度だけ目礼をした記憶があるだけです」とのことだ。

お見合いをしたとされるのは昭和三十三年二月。だが、その半年前の昭和三十二年八月に、皇太子と美智子さんは軽井沢のテニスコートで出会っている。そして同年十月には再び東京でテニスをし、皇太子は美智子さんの写真を自ら撮影、翌月には学友を通してその写真を正田家に届けさせたのだ。

美智子さんは、皇太子の思いに気づかぬほど鈍感な女性ではなかった。そんな時期に、三島との見合いなどあり得ないと考えるのが妥当ではないだろうか。

これ以上の真相を知る術《すべ》はないが、正田家の関係者は三島の熱烈なファンの憤慨あるいは失望を思いやり懸念しているように見えた。

こうして美智子さんが正式に皇太子妃に決定したのは昭和三十三年十一月二十七日だった。

「世紀のご成婚」と言われ、多くの人々の祝福を受けての皇太子妃誕生。折しも日本は東京オリンピックを六年後に控え、高度経済成長期へと突入する。美智子さんは「美智子妃殿下」として新たな船出をすることになったのだ。

**船出に投げつけられた礫《つぶて》**

あの時点で巻き起こった興奮と熱気の源は、何だったのだろう。惨めな敗戦で荒廃した国土に立つ日本人が、疲弊した衣を少しずつ脱ぎ捨てて、あらたな出発をするための〝助走〟のようなものだったのだろうか。人々の胸の奥底にしまわれていたのは、こころからの喜びであったり、とてつもなく大きな希望であったり、そして、悲しみや怒りであったのかもしれない。

昭和三十四年四月十日、正田美智子さんは皇太子妃として皇統譜に列せられた。宮中賢所《かしこどころ》にて、王朝絵巻かと見まごうばかりの結婚の儀が粛々《しゅくしゅく》と執り行われた。その後、皇居仮宮殿西の間にお揃《そろ》いの天皇、皇后両陛下へのご挨拶がすむころには、時刻は午後二時三十分になろうとしていた。

すでに皇居前広場には、お二人の馬車パレードを待ち焦がれる大群衆のざわめきが地鳴りのように響いていた。厳重な警備の中で、歓喜と祝福の声がこだまする。

この日を迎えるまでに、宮中でさまざまな意見が交わされたのは事実だった。正田美智子さんの人柄、容姿、知性などに異を唱える関係者など一人もいなかった。ただ、正田家が皇族でも華族でもないこと。美智子さんが学習院出身ではないこと。この二点が、守旧派の女性たちの反感を買ったのだ。

それ以外に、夢のように美しいプリンセスの出現に不快感を示す人がいるなどとは考えられなかった。

しかし、どんな時代でも、私たちの社会は想像以上に多様な価値観を内包しているものだ。戦前から戦中にかけて神格化された天皇が、戦後になって、いわゆる人間宣言をして、新しい自己を模索していた間に、国民もまた皇室をどう捉えるか戸惑っていたといえよう。

変わらぬ尊崇の念を示す人々から皇室の存在そのものを否定する人々まで、「象徴」という言葉の意味が曖昧なまま、理念ばかりが羅針盤を失った船のように漂流していた。

晴れやかな笑顔で歓呼に応えて手を振る皇太子と美智子さまの馬車が、皇居前広場から祝田橋へと大きく右折しようとしたそのとき、事件は起きた。群衆の前方にいた若い男が、突然、握りこぶし大の石を馬車に向かって投げつけたのである。石が馬車の側胴、燦然《さんぜん》と輝く菊のご紋章近くに当たるや、男は道路中央に飛び出し、馬車によじ登ろうとした。実際、半分ほど馬車に体を乗り入れていた。

しかし、機動隊員や後部に乗っていた従者によって、男はたちまち引きずり下ろされた。ほんの数秒の間の出来事だったが、たまたまそれを目撃して、連続写真を撮った崎山健一郎は後に次のように語った。

「すごいなと思ったのは、石が投げられた瞬間、美智子さまはちゃんと見ていて、まるでかばうように体を皇太子の方へ少しだけ寄せたんです。皇太子はにこにこと手を振っているだけでしたが」

特にお二人に怪我もなく、大事件に発展したわけではなかった。逮捕されたのは長野県出身の十九歳の青年だった。「天皇制にはかねてから反対で、しかも二人のために大金が使われるのが許せない」と、その動機を語った。

ジャーナリストの大宅壮一が『週刊明星』（昭和三十四年四月二十六日号）に寄せた感想では、「大衆天皇とか奉祝ブームとかいったって、それらは皆マスコミが作ったものであって、いわばマスコミ天皇ブームだ。ご結婚を喜んでいる者がいる一方、他方では一家心中一歩手前の人間もいるはずだし、テレビも買えない人間もいる。――それらの反感のあらわれの一つが、この事件だ。これは組織的ではなく感情的に爆発したものだが、決して偶発的ではなく、自然発生的なものと解釈している」と、事件に理解を示すような発言をした。

言論の自由が認められている社会だからこその忌憚《きたん》のない感想だが、後にノーベル文学賞を受賞した作家・大江健三郎の次の言葉もまた、戦後の皇室に対して人々が抱いていたある種の思いを言語化したものだった。

「いまは平民も貴族もないから皇太子が『平民』から妻を選んだといって何の意義も感じない。新憲法下の天皇の国民に対する地位はあいまいだ。おそらく婚約発表から結婚まで上昇する皇太子景気をうまく利用する勢力が出てくるだろう。――皇太子については関心もないし、大きな存在だとも考えていないので特別な感想もない」（『読売新聞』昭和三十

三年十一月二十八日）

いわゆる知性派の代表と目されるジャーナリストや作家の、皇室に対する評価はかなりシビアな内容だった。

この後も、美智子さまは何度か理不尽な暴力行為に遭遇する。

昭和四十七年一月六日、皇太子夫妻は第二十七回国民体育大会冬季スケート競技会に臨席した。その帰り、午後四時過ぎに日光駅に到着したとき、御料車から降りた美智子さまめがけて、一人の少年が突進して来た。すぐに警察官に取り押さえられたが、まさに間一髪だった。

また、昭和五十年七月十七日には、沖縄国際海洋博覧会の開会式に出席するため、お二人は初めて沖縄を訪問した。この背景には、昭和天皇が先の大戦で被害が甚大だった沖縄訪問を切望していながら、まだ返還前であったり、反対運動が過熱していたためにかなわなかったという事情があった。

事件は午後一時三十分ごろ、お二人が慰霊のために訪れた糸満市の「ひめゆりの塔」で起きた。壕《ごう》内に潜伏していた過激派学生二人が、火炎瓶を皇太子の足元に投げつけたのである。警官がかばったが、皇太子は転倒して軽い打撲傷を負った。美智子さまには怪我はなかったが、炎との距離は、わずか二メートルだった。

こうした事件に遭遇した場合、深刻な精神的後遺症に苦しむ人も少なくない。人前に出るのが恐ろしくなり、皇族の方たちであればご公務が苦手になるということもあるだろう。しかし、美智子さまの場合は、むしろ逆だったのではないか。妃殿下として、どんな状況にも対峙しようという勁《つよ》い決意をさらに深めたように思える。

**お二人で築いた平成の皇室像**

その一方で、家族としては、昭和三十五年二月に浩宮徳仁親王、同四十年十一月には礼宮《あやのみや》文仁親王、同四十四年四月には紀宮清子《さやこ》内親王と三人の子どもたちに恵まれた。

浩宮さまが誕生した後に詠んだ御歌には、美智子さまの母親としての胸中が示されている。

あづかれる宝にも似てあるときは吾子《わこ》ながらかひな畏《おそ》れつつ抱《いだ》く

わが子であっても、いずれの日にか天皇になる定めである。そう考えると、まるで宝物のように腕全体で畏れつつ抱いてしまうという、まことに率直な思いが吐露された歌だ。

そして、平成三十一年には、そのわが子が天皇に即位する。美智子さまの胸中を知る術はないが、国を象徴する立場にある皇后として、さまざまな感慨が交差しているだろう。そして、一人の母親としての歓喜は当然といえる。

時計を戻して昭和六十二年の四月二十九日。皇居における天皇誕生日の祝宴が終わりに差しかかったころだった。突然胸苦しさを覚えた昭和天皇が嘔吐《おうと》した。それがこの後に続く、長い闘病の兆候だった。

九月に小腸付近の手術を受け、その後は一進一退の容態が一年ほど続く。皇太子が国事行為代行の勅書を受け、アメリカ訪問や全国植樹祭出席など、お二人は天皇、皇后の名代としての公務が繁忙となる。

そのさなかに、美智子さまの母である富美子が危篤となり、昭和六十三年五月二十八日に七十八年の生涯を閉じた。美智子さまに手を握られての最期だったという。

長女の美智子さまが宮中に輿《こし》入れをして三十年の月日が流れていた。他人には言えない苦労もあったろう。その半面、家族団欒《だんらん》のひとときもあった。昭和五十七年の誕生日を前にして、美智子さまは珍しく実家の家族について記者会見で語っている。

「みなそれぞれ忙しくしていますが、両親には年に何回か皇居や東宮御所、軽井沢などで会うことができます。両親もだんだん歳をとりますが、幸い変わりはなく、いつもきょうだいや私のことを見守ってくれています」

仲の良い家族が美智子さまのこころの支えになっていた様子が伝わってくる。

大量の輸血を続けながらも小康を保っていた天皇の容態が急変したのは昭和六十四年の

年明けで、一月七日午前六時三十三分に崩御したと伝えられた。

昭和は終焉《しゅうえん》を迎え、同時に平成へと年号は変わった。皇太子は天皇に、美智子さまは皇后に即位した。

昭和天皇の喪が明けた平成二年の六月、礼宮文仁親王が川嶋紀子さんと結婚して秋篠宮家があらたに創設された。さらに平成五年六月に皇太子徳仁親王と小和田雅子さんが結婚し、皇室に慶事が続いた。いずれも民間から迎えられた妃殿下だったが、もはや誰も気にかける人もいないほどだった。自分にふさわしい配偶者を見つける過程で、皇族や華族の出身であるかどうかは親王たちにとって大きな問題ではなかった。それだけ、美智子さまの時代とは世情も変わっていた。

時間の流れが持つ浄化作用とは、人間の想像力をはるかに超える運動量を保持している。昭和天皇崩御の年に八十六歳を迎えた良子《ながこ》皇太后は、この時期すでに時空の感覚を失いつつあった。かつては軋轢《あつれき》も伝えられた皇太后を、まごころをこめてお世話したのが美智子さまだった。毎日のように車椅子で散歩をして、美しい花々を見せ、風のそよぎを感じさせ、常に優しい気遣いを忘れなかった。

皇太后が遠い彼方へと旅立ったのは平成十二年六月十六日だった。歴代皇后の中では最長寿である九十七年の生涯を閉じた。このときの美智子さまの落胆は激しく、まるで実母を亡くしたように悲しみに沈んでいた。

今上天皇がご退位の意向をテレビで直接、国民に向けて語りかけたのは、平成二十八年の夏だった。多くの国民にとっては突然のことで、激震が走った。しかし、驚きはあってもご退位に反対する声は少なかった。

「これまで私が皇后と共に行《おこな》って来たほぼ全国に及ぶ旅は、国内のどこにおいても、その地域を愛し、その共同体を地道に支える市井《しせい》の人々のあることを私に認識させ、私がこの認識をもって、天皇として大切な、国民を思い、国民のために祈るという務めを、人々への深い信頼と敬愛をもってなし得たことは、幸せなことでした」

天皇のメッセージの一節は、美智子さまとともに、慰霊、慰問の旅を続けてこられたお二人の姿を国民にじゅうぶんに思い起こさせる内容だった。過去形であることに、ある種の「やり遂げた」という思いが伝わる。

平成五年に始まった週刊誌などの、「女帝」「強い影響力」といったバッシング報道により美智子さまは体調を崩し、声を失った。そのさなかにあっても、公務に向かう姿勢は鬼気迫るものがあったといってもいいだろう。

被災地の慰問や海外も含めた戦災の傷痕が残る地域への慰霊は、体力の限界を押して強行されたのだ。そんな美智子さまに、多くの国民が寄せる尊崇の念は強まっていった。

行動し、人々との接触を恐れず、さまざまな方法で自己の思いを発信してきた美智子さまは、まぎれもなく平成という時代のあらたな皇后像を示していた。

次の世代へと天皇、皇后の位は受け継がれ、上皇后になっても、人々の胸に刻まれている慈愛に満ちた美智子さまの優しい笑顔はけっして消えることはないだろう。

# 第三章　伝統と自分らしさの狭間で

**牧野純子《すみこ》女官長**

十年ほど前になるだろうか。「ヒゲの殿下」で知られる三笠宮家の寛仁《ともひと》親王殿下から聞いた話がある。

まだ殿下が学習院中等科に通われているころのこと。「お前なんか俺たちの税金で食っているんじゃないか」と突然、クラスメートに罵《ののし》られた。「今だったらね、『馬鹿野郎違うだろう。税金払ってるのはお前の親だぞ』って言い返せるんだけどね」と殿下は笑った。これは皇族に生まれたら誰もが体験する通過儀礼のようなものなのだそうだ。

「俺だって頭にきたよ。でも、傍《そば》にいた友だちがいっせいに、『三笠になんてこと言うんだ』って食ってかかってね。そいつはもう下向いちゃったんだ」と殿下は満足そうにうなずいた。

「学習院っていい学校だったのですね」、私は思わずつぶやいた。

「いや、違うんだよ工藤さん。学校はね、学習院じゃなきゃいけないんだよ。いい学校なんじゃなくて、学校は学習院なの」

その、むきになったような喋《しゃべ》り方がどこか少年っぽくて、殿下の学習院に対する愛情がひしひしと伝わってきた。それまでにも何度か学習院での思い出はうかがっていたが、あらためて愛校心の強さに感嘆した。そのときは、ただ、それだけのことだった。

ところが平成三十年の春先、神奈川県・湘南地方の海に面した老人ホームに住む東山香《こう》子《こ》さん（本人の希望により仮名とする）とお会いする機会があった。その年九十八歳の彼女は戦前に、華族のお姫様として育てられた。結婚相手は同じ華族で皇族とも血縁関係のある家柄の青年だった。戦後の苦労はどこの家も同じようなものだが、香子さんは比較的平穏な日々を過ごした。色白で細面の顔立ちは、今も臈《ろう》たけた気品が漂う。

香子さんの母の美嘉さん（仮名）が、かつて東宮女官長だった牧野純子（故人）と親しかった。習い事も一緒にするような仲で、毎週のように行き来をした。だから、香子さんも牧野女官長をよく知っている。私は以前から、牧野女官長の人となりが気になっていた。美智子さまが皇太子妃となったときに、東宮女官長としてお傍に仕えた人であり、さまざまな軋轢《あつれき》があったと伝えられる。当時の女官長の仕事とはどのようなものだったかにも興味があった。本章では、牧野女官長にまつわるエピソードを通して、その軋轢とはどんなものだったのか、またその中で美智子さまが粛々《しゅくしゅく》と歩んでこられた日々のことを綴《つづ》っていきたい。

私は三回ほど香子さんを訪ねて湘南へ通った。三回目の帰り道、ふいに寛仁殿下の声が海風に乗って耳元に聞こえたような気がしたのだ。「学校はね、学習院じゃなきゃいけないんだよ」と言ったあの声が。

念のために書き添えると、寛仁殿下は美智子さまをこころから尊敬していた。正確な表現は忘れたが、ご立派で崇高な方だといつも語っていた。まして美智子さまが学習院の出身ではないことが私たちの間で話題になった記憶もない。

だが、学習院にはその独自の世界が厳然としてあると教えてくれたのは寛仁殿下であり、そしてこれから述べる香子さんの証言だった。香子さんもまた美智子さまに対して否定的な感情など微塵《みじん》も持っていない人だ。ただ、美智子さまが皇太子妃となられたときから、約十年にわたって東宮女官長を務めた牧野純子から、直接にその心情を聞いた数少ない知人の一人だ。老齢になり、そろそろ牧野純子について語ってもよいという心境になり、このたび取材に応じてくれた。

「そうねえ、牧野のおば様はね、ちょっと性格的には意地悪なところがおありになるのよ」

初対面の挨拶が終わった途端に香子さんの口から漏れた言葉である。

「だけれど、頭はすごくいい方。それで、頭が良くて牧野伸顕《のぶあき》の息子さんのところへお嫁にいらしたわけ」

近現代史において牧野伸顕の名は今も燦然《さんぜん》と輝いている。明治維新三傑の一人、大久保利通の次男として文久元（一八六一）年に薩摩で生まれた。間もなく曽祖父の娘の婚家である牧野家の養子となる。しかし、戊辰《ぼしん》戦争で養父が戦死したため、牧野の姓を名乗ったまま大久保家で育った。幼少のころから利発で、わずか十一歳のときに自ら願い出て父・大久保利通に伴われ渡米。十四歳でフィラデルフィアの中学を卒業した。英語は完璧に習得したものの、まだ日本の学問を修めていないと気づき帰国した。明治七年のことである。

その後は東京開成学校から東京大学に進み、外務省御用掛となる。十七歳のときに父の大久保利通が暗殺され、後に自身も二・二六事件の際に襲撃されたが、からくも生き延びた。こうした経験が牧野の胆力を養ったのだろう。

また、この時代の多くの若者がそうであったように、牧野もまた早熟であった。わずか二十一歳でロンドン日本公使館の領事代理を務めた。国家も国民も猛スピードで成長し、早く大人になることを要求された時代だった。

明治四十年に男爵に、大正九年には子爵となっている。

外交官としての長い海外生活の後、牧野は農商務大臣、枢密顧問官、外務大臣、宮内大臣などの要職を歴任した。博識で、温厚な性格でも知られていた。

牧野が妻として迎えた峯子は、三島通庸《みちつね》の次女だった。三島は警視総監として名を馳《は》せ、明治二十一年、在任中に脳出血で他界した。ちょうど次女の峯子が牧野と結婚した翌年だった。三島もまた明治二十年に子爵を授けられている。つまり華族同士の結婚だった。家柄の釣り合いが取れているのは、この時代では当然の選択だった。

昭和天皇の信任も厚く、牧野が残した『牧野伸顕日記』や『回顧録』は近現代史を研究する者にとっては必読の書である。

牧野は峯子夫人との間に一男二女がいた。長女の雪子は吉田茂と結婚し、その三女の和子が麻生太賀吉《たかきち》に嫁いだ。生まれた長男が麻生太郎である。

長男である伸通《のぶみち》の嫁として迎えたのが、佐賀藩の鍋島直明《なおあきら》の長女である純子だった。

再び、純子が東宮女官長となるまでの経緯を語ってくれた香子さんの回想に耳を傾けてみたい。

「私は牧野伸顕さんにも、とても可愛がられたので、今でも特別にこころが通じるところがあると思っています。その息子のね……」

「伸太郎さんですか？」と尋ねると、「いや、伸太郎は幼名で伸通《のぶみち》さんです。でも、私たちはシンタおじ様、父はシンタさんってお呼びしてましたわね」

伸通は学校の成績は優秀で、帝大を卒業してからイギリスに留学し、ケンブリッジ大を卒業した。英語が堪能で好青年だったが、少し神経質なところがあり、線が細い印象だった。宮内省に勤めてからは式部官の職にあり、外国の賓客などのもてなしを担当したという。

あまり出世しようといった意欲もなく、いかにもお坊ちゃまという感じの息子を心配したのか、牧野は鍋島家では才媛として有名だった純子に白羽の矢を立てた。

「純子おば様は学校のときもおつむが良くて、テキパキした方だったので。それでお嫁にいらしていただいたのね。でも、鍋島家といっても大鍋島さん（鍋島の本家）の執事、分家というか、家老みたいなほうの鍋島さん。男爵でしたね、確か」と言ってから、香子さんは言葉を続けた。

「本当に牧野家の、牧野伸顕の秘書くらいに頭が切れて、おうちを取り仕切っていらしたのね」

どうやら純子は、嫁として期待通りの働きをしたようだ。どれほど純子が有能で、舅《しゅうと》の信頼を勝ち得ていたかについては、中公文庫版『回顧録』（平成三十年五月改版）に添えられた巻末エッセイ「牧野伸顕伯の思い出」に詳しく述べられている。ちなみに筆者は物理学者の中谷宇吉郎である。名文家としても知られた人だ。

戦争中に峯子夫人に先立たれた伸顕は、さすがに気落ちしていた。家庭内はすべて夫人任せだったので無理はなかった。

〈しかし牧野さんは、少くとも外面的には少しも弱りを見せられなかった。もっとも長男の伸太郎さんの奥さん純子夫人が、立派に老夫人のあとをついで、牧野さんを最後まで看とられたのである〉

空襲のひどいさなかに牧野家を医師である武見太郎と訪ねた中谷は、鹿児島に伝わる鶏汁をふるまわれた。それは純子の手作りだった。代々牧野家ではこういうふうな料理をしたのだと伸顕が説明した。

〈いかにもいい意味での封建の磨きのかかったような料理であった。近代的の教養を身につけ、しかもこういう流儀の料理も本格的に出来る純子夫人が、牧野さんの晩年に最後まで附き添われたことは、仕合せであったと思う〉と述べている。

牧野伸顕が亡くなったのは昭和二十四年の一月だった。八十七歳の長寿を全うした。幕末に生まれ、終戦を見届けての大往生だった。純子が語った臨終のときの話を中谷は記している。

〈いよいよ御自分でも最後と思われたらしく、枕頭の純子夫人たちに、『いろいろ御世話になって有難う』と挨拶をされたそうである。そして『世の中で一番むつかしいことは、私《わたくし》を無くすことだ。自分は悪いことはしなかった』といわれた。それが最後の言葉であった由である。

純子夫人は『御教訓はよく分りました。私たちもおじいさまの御名前を汚さないようにつとめます。おじいさまはえらい方でした』と挨拶された。牧野さんはよく分ったらしく、うなずいて苦笑いの表情を示されたそうである。臨終の床でのこの苦笑いに、牧野さんは最後の知性を示されたような気がする〉

中谷は終始、気丈で聡明な純子を褒めている。それだけ存在感がある嫁だったのだろう。香子さんが牧野家の秘書といえるくらいだと語ったのも、誇張ではなかったようだ。

夫の伸通は戦争中に亡くなったが、純子には一男三女がいた。では、なぜ戦後になって東宮女官長の職に就いたのか。

「やはりご主人を亡くされて、それで女官長の話があったのね。それで、ずいぶんお断りになったと思う。だけれども『どうしても』ということでなられた」

美智子さまのお后《きさき》教育が始まったころには、もう決まっていたらしい。

「そうそう、宮中のことも、ようするに牧野伸顕に付いて（皇居に）行っていたから、よくわかるでしょ。しかも華族の家だから何でもわかる方でしょ。だから、その、いいと思われたんです。だけど、それが仇《あだ》になりましたね」

香子さんは当時を思い出すかのように沈黙した。純子を女官長に推した人々の顔を思い浮かべているような眼差しだった。

女官に入るというのは、生易しい覚悟でできることではなかった。もともと純子はきわめて地味な人だった。梨本宮妃伊都子《いつこ》などは、大鍋島で侯爵の家柄なのでひときわ派手だったが、純子は質素だった。

「でも、女官長におなりになると、やはりお着物はとてもお要りになるからね。そりゃあそうですよ。お着物はたくさん要るの。それは全部自前。だって、私の親戚には妃殿下になられた方が二人ほどおられましたが、普通の妃殿下でもティアラ（頭につけるアクセサリー）は自前だったんですよ」

宮中のことについては相当な理解があったとはいえ、質素な生活をしていた純子にとっては、このような皇室のしきたりが負担にならなかったはずはない。しかし当時、皇太子妃のお支度はさらに万全なものを求められた。

「香淳さまがご結婚なさったときも、ご実家の久邇宮《くにのみや》家だって、そんなにお金はなかったでしょうけどお作りになった。もう家の一軒や二軒は吹っ飛んでしまいますね。美智子妃殿下のときから宮内庁のものとして貸すという形になったんです」

果たして純子が女官長に入るときは、小さいながらティアラも用意したという。プラチナ台にダイヤを施したものだ。宴会で後ろに立っているだけでもティアラを着用しなければならない。最近はそんなことを言ったら女官になってくれる人もいないので、誰もそんな要求はしない。

普通の人の生活にはティアラは最も縁のない装飾品かもしれない。だが、かつては妃殿下のみならず女官長にとっても必需品だった。香子さんはティアラにまつわる強烈な思い出があった。それは、高松宮妃喜久子さまの妹から直接に聞いたことだった。

## ティアラをめぐる〝誤解〟

「ティアラってね、とても重いのよ。あれをお着けになるのはすごい大変なんですよ。美智子妃殿下が初めて夜会にいらっしゃるときに、どこの美容師がお着けになったのか知りませんけど、ちょっとティアラが宝塚（歌劇団）みたいな感じに寝かせていたので、高松宮の喜久子妃殿下が『お直ししましょうか』とおっしゃったんですって。でも美智子さまはお断りになったそうです。

私たちは学習院で、妃殿下がどういうお洋服を着て卒業式にいらっしゃるかとか、子どものときから見ているわけです。宮さまはああいうお洋服を着ているってわかっているんです。その中でも高松宮さまの妃殿下はご実家も徳川家でご身分も高かったから、お派手な方だけど一番いろいろご存じだったのね。だから、その方を怒らせちゃったら、後が厄介じゃありませんか」

香子さんによると、たしかに皇室にはおかしいと思うこともたくさんあるが、そういうふうに伝統で続いていることも多々あり、変えたいと思うことについては後で変えればよいのであって、やはりいまは良子《ながこ》皇后や秩父、高松、三笠の各宮家の妃殿下のお顔を立てて譲ってあげてはどうだったのだろうかという気持ちがあった。

「それでね、ティアラのことがあった後で、皇太子さまから喜久子さまにお電話がかかってきて、『美智子に何かおっしゃったんですか』って、『何かおっしゃることがあったら僕に言ってください』って」

これには喜久子さまも気分を害し「これからお教えしようと思っていたのに、そういうことなら一切もうお教えしません」と憤慨した。

「ですからね、そこから始まったんですよ、問題が、ティアラで」と香子さんはため息をついた。

「私は皇后になられてからの美智子さまは本当にご立派だと思います。特に最近のお姿には頭が下がります。ただ純子おば様が美智子さまをいじめたと非難されるだけなのも可哀そうな気がするんです」

このティアラをめぐる一つの出来事が、後の美智子さまの歩みに少なからず影響を与えたということだろうか。

知られざる女官長の苦労。美智子さまの直面したさまざまな困難の日々。香子さんが純子から直接に聞いた話がこの後に続いた。

**たかがファッション、されどファッション**

新緑の若葉のように輝く翡翠《ひすい》のブローチを、香子さんが胸につけていた。いかにも貴婦人らしい貫禄が漂う。だが、その口からは、きわめてカジュアルな言葉が漏れ出た。

「私の母がね、純子おば様からお電話をいただいた後に笑って言うの。『あのふたり、まだゲバっているみたいよ』って。そうなの。ずいぶん長い間ゲバっていたの」

なんと懐かしい言葉だろうか。その昔、学生運動華やかなりしころ、「ゲバる」「内ゲバ」「ゲバルト棒」などという表現を日常で耳にした。つまりは闘争という意味だが、ちょっとした家庭内の喧嘩まで、「それ内ゲバじゃない」などと冗談めかして言ったものだ。

牧野純子東宮女官長は、佐賀藩、鍋島直明《なおあきら》の長女で、才媛として知られていた。大久保利通の次男で、後に外務大臣や宮内大臣を歴任した牧野伸顕《のぶあき》は、息子の嫁にと純子に白羽の矢を立てた。伸顕の期待に応え、秘書のような働きをした純子は、舅と夫を看取《みと》った後、ぜひにと請われて宮中に入ったという。純子は五十八歳で東宮女官長となり、辞めたのは六十八歳のときだった。十年にわたって美智子さまに仕えた計算になる。

純子にとって香子さんの母親は、心を許せる友だった。香子さんの母親が言う「あのふたり」とは、美智子さまと純子のことだ。

「ゲバる」という言葉には穏やかならぬものがあるが、今になって思うと、これは、美智子さまが皇太子さまとともに戦後の新しい皇室のあり方を模索していくプロセスの中で、最初に起こった摩擦のようなものではなかっただろうか。皇太子さまとともに皇室の改革に向けて歩む美智子さまと、戦前からの伝統を守ろうとする人たちが相容《あいい》れるのは容易なことではなかった。

純子が東宮女官長として仕えて十年。だが、十年という歳月はそう簡単な流れ方をしなかったようだ。

「ご存じないというのは恐ろしいことです。だから起きたことだとは思いますけどね……」

九十八歳とは思えぬ鮮やかな口跡で、香子さんが語り始めたのは、関係者の間では「ペチコート事件」と呼ばれる、美智子さまの服装に関する出来事だった。ペチコートとは、女性がスカートの下に着用するもので、スカートのシルエットを整えたり、ふわっとふくらませたりするために使うものだ。

この「事件」について述べる前に再度はっきりさせたいのは、これから述べることが、香子さんやその友人、親族など守旧派（皇室の伝統を重んじる人々）の意見や記憶であるということだ。また、一方的な見解だという批判もあるかもしれない。それは承知の上で、私はオーラルヒストリーとして、純子が香子さんの母親に語った体験談を採集しておきたいと考えた。

たかがファッション、されどファッションである。皇族にとって、ファッションとはいかに大きな意味を持つかをこのときの取材で痛感した。

大切なのは規則であり、それを打ち破ろうとするには勁《つよ》い意思がなければできない。香子さんは、一語一語を噛《か》みしめるように語った。

「お二人（明仁皇太子ご夫妻）がね、初めて伊勢神宮にご結婚のご報告にいらしたときの美智子さまがお召しになったお洋服ね。あれに純子おば様が驚いてしまったの。『すみれの花～』っていうみたいなのでしたって。これもおば様から直接に聞いたお話です」

「すみれの花～」は宝塚歌劇団を意味している。そして、香子さんが美智子さまのファッションを語る際にこの形容が頻繁に出る。

香子さんの言う「すみれの花～みたいなファッション」とは、ペチコートの入ったドレスのことを指している。当時、硬いペチコートでスカートをふくらませる洋装が流行していたのだ。女性皇族が伊勢神宮に参拝するときは、ローブモンタントを着用すると決まっている。ローブモンタントとは、襟元を大きく開けず、長袖のロングドレスで肌を隠すもの。皇室では通常は昼用の礼服とされている。しかし、香子さんが純子から聞いた話では、美智子さまがペチコートの入ったドレスを着ていたというのだ。

そして事件は起きたのだと香子さんは続ける。

「あの朝は禊《みそぎ》をしなければいけないんです。お風呂場で女官長も水だかお湯をかぶるんですよ。それで純子おば様は先に出てお支度をしてお待ちしていたら、美智子さまのお支度があって」

純子は大慌てで、女嬬《にょじゅ》（雑事をこなす女官）にペチコートを外すよう指示をしたのだが、再び美智子さまが支度を終えて出てきたときには、またペチコートがついていたという。

「ということは？」

「さあ。とにかく付け直しなさいと女嬬にでもおっしゃったんじゃないですか。それで今度は純子おば様が、女官に取りなさいって命令なさった。それをやはり付けたままでなくてはと、また妃殿下がご命令で、ごたごたと二回くらい言い争ったそうです。『もう戦いだった』って、おば様はそうおっしゃっていたわ」

香子さんの上品な笑い声が響いた。若くて美しい妃殿下と、老練の女官長の間の戦い。しかし、戦わなければならないほど大事なことだったのだろうか？

「そうなの。私だったらね、たとえおかしかろうが何だろうが、もう、しきたりがそういうものなら仕方がないと思いますよ。『どうでもいいや』ってあきらめます。それが、あちらにしてみたら、なんでこんな失礼なことをするのか、変な洋服にさせるのかと思われたでしょう。でもね、こちらにしてみると宝塚のほうがよっぽどおかしいんですよ。とんでもないの。伊勢神宮の宮司さんだって仰天しちゃいますよ。今までの妃殿下で、こんなふうに、広がったの着てらした方なんていないんですもの」

皇室に新しい風を吹き込んだ美智子さまのファッションは、今、写真で見てもとても美しくて優雅だ。それに比べると、歴代の妃殿下たちのローブモンタントはいかにも旧式の野暮ったい装いに見えてしまう。そう言っては失礼だが、華がない。輝くような皇太子妃の流行の最先端をゆく服装が、そんなに大きな波紋を呼んだとは驚きだった。

戦前と戦後では宮内庁のみならず、皇室全体が激変したことだろう。しかし、戦前の伝統に固執する勢力は依然として強かった。元皇族や元華族であり、学習院卒業であることを誇りに感じる人たちだ。実際、戦後十五年かそこらしか経過していなかったのだから、皇室の慣習についての知識量は圧倒的に守旧派が勝っていた。

ただし、このドレスのエピソードに関しては、本稿連載時に、宮内庁よりの正式な説明がホームページに載った。当時の美智子妃殿下は、すべて宮内庁の指示通りのドレスを着用していた。したがって、自分の意思で勝手にスカートが広がったドレスを作ったわけではない。まして、服に針金などは入っていない。

したがって、これは事実無根であるとの指摘だった。

確かに、香子さんの記憶違いだった可能性は否めない。美しい着せ替え人形のように、嫁いだばかりの美智子さまが、「このドレスをお召しになってください」と言われれば、素直に手を通されたということだろう。そこに、美智子さまご自身の意思はまったく介在していなかった。

これは宮内庁の指摘通りだったと理解した。ただし、今まで歴代の妃殿下方が伊勢神宮に参拝なさったときの、どの写真を見ても、皆さまローブモンタントをお召しになっている。デザインこそ変化はあるが、ローブモンタントの基準を満たした服装である。

したがって、もしも、新しく迎えられた妃殿下の衣裳を決める担当者（それは秩父宮妃勢津子さまの母、松平信子に託され、香淳皇后付きの二人の女性御用掛に回付され、仮縫いにもこの二人が立ち会っていた記録があるとの指摘が宮内庁からあった）が、ローブモンタントとは似ても似つかぬドレスを用意したとしたら、その理由は何だったのだろう。また、純子が香子さんに不満を述べたところを見ると女官長さえも、その理由を知らなかったように思える。それとも、勢津子妃の母や香淳皇后の御用掛は、何らかの意図があって、あのようなドレスを参拝用として準備したのだろうか。

## 子どもを抱くのは異例

香子さんにとっては、直宮《じきみや》（天皇とその三人の弟宮たち）だけを残して他の皇族をなくし、華族制度も廃止した戦後の改革が、つい昨日の出来事のように感じられるようだ。大切に守り、引き継いできた伝統や文化が消えていくことへの哀惜の情が伝わってくる。

「皆さまいろいろおっしゃるけど、浩宮さまがお生まれになったときのことだって、純子おば様が意地悪したっていうふうに書かれているでしょ。でも、あれはちょっと純子おば様が可哀そうな気がする。

これはおば様が私に直《じか》におっしゃったから本当だと思う。浩宮さまが生まれて、まだ日も経たないうちにご退院になったでしょ。今はもっとそうなってますけど。それで車に乗ったときに純子おば様がちょっとの間抱いてらしたら、『赤ん坊は自分で抱かなきゃ』って言われたらしいですが、古いしきたりを知っている私たちにしてみたら、それも変なんです。たとえ皇孫殿下であったとしても、抱くのは女官です。それより位の高い女官長でもないのです。私でさえ、母に抱かれたことはないです。いつだって専門に子守りの人がおりました。でも、それはもう今の人たちはわからないから仕方がないけれど」

子どもを自らの手で育てるのは、かつて昭和天皇と香淳皇后が強く望んだことでもあった。それがようやくかなったのであるから、女官長どころか、美智子さまがご自分で抱くのは当然だった。しかし、ここで純子にとってはさらに予期せぬ事態が起きた。

「後におば様がいらしたときにね、『ねえ香子ちゃん、ひどいでしょ、赤ん坊の顔を見せろ、窓を開けろって、新聞記者たちが言ったのよ』って、そのときのことをお話しくださったの。病院の玄関を出たところにたくさん新聞記者の人たちが待ちかまえていて、血相を変えているあの人たちの怖い顔が車の窓に映っていたんですって」

純子は、新生児にフラッシュの光が当たるのはよくないと、美智子さまに窓を開けないでくださいと言ったという。しかし、最終的には美智子さまが窓を開けた。このことで純子は、美智子さまに窓を開けさせないようにした悪者としてメディアに書かれることとなった。

実は、窓を開けた理由は他にあったということで、これも宮内庁からの指摘があった。それは拙著『美智子皇后の真実』ですでに説明してあるので、その部分に関して、ここに再録しておきたい。

「退院写真に関しては、あれは美智子妃の発意で窓が開けられたのではなく、単に誤解だった、ということが後年になって明らかになる」

「実はこのとき、黒木侍従と記者クラブの間に押し問答があった。美智子妃から退院の際に、フラッシュだけは焚かないでもらえないかという要望が黒木にあった。しかし、車内なのでそれは無理だと記者クラブに却下されてしまう。それを聞いた美智子妃がふたたび頼み、記者クラブが出した代案が車の窓を開けることだったのである。強い光の衝撃から浩宮を守ろうとする美智子妃の固い決意だった（元侍従次長八木貞二『文藝春秋』平成十四年三月号）」

以上の経緯があって、窓が開けられた。ところが、実際に何社かフラッシュを焚いたカメラマンがいた。必ずしも全員が協定を守ったわけではなかった。純子は女官長でありながら、妃殿下が窓を開けた理由を知らなかった。あるいは知らされていなかった。そこへフラッシュが光ったための、香子さんに告げた愚痴だったと解釈できる。

ふっとひと息ついて、小首を傾《かし》げながら香子さんが言葉を継《つな》いだ。

「今の人は何でも『庶民的、庶民的』って言うでしょ。だからね、その後もいろいろなことが起きたのだと思いますよ」

つまり純子は意地悪な女官長という評判が定着したというわけだ。現在になって、あらためて昔の写真を見返しても、純子は硬い表情をしたものが多い。純子が大切にしてきた伝統としきたり、美智子さまが皇太子さまと作り上げようとしている新しい皇室。純子の表情からは、美智子さまの思い切った改革についていけなかった様子がありありとわかる。

無論、改革とは常に犠牲が伴うものだ。今までの価値観を捨て、新しい方法を選択するのである。その過程で斬り捨てられる慣習もあるだろう。しかしまた、昭和天皇の信任が厚く、宮内大臣を務めた牧野伸顕の息子の嫁として、舅や夫の最期をきちんと作法通りに見送った純子には、それなりの自負や矜持《きょうじ》もあったはずだ。それが過剰に示されたときに、文字通り美智子さまをいじめた女官長というレッテルを貼られる結果となったのではないか。

「私はね、美智子さまはどうしてあんなに抵抗なさっちゃったのかしらと、拝見していて思うことがありました。お気の毒なことでもあります。抵抗なさるから、誰も何も言わなくなっちゃったの。それで、みんなの雰囲気というか目つきを見ると、こういう、みんな変な目つきになってってしまった」

もう時効だからいいでしょうと、香子さんは純子が誘って女官に上がった女性の名前を挙げた。聞けば、誰でも旧華族とわかる姓で、母親も徳川家の出身だった。わけあって離婚して実家に戻っていたが、純子に声をかけられた。しかし、働き始めて間もなく、その女官の母親から、香子さんは悩みを聞かされた。手がのろくてやることが遅いとお叱りを受ける。辞めたいという泣き言だった。結局、その女官は職場を去った。

しかし、この、辞職した女官についても、宮内庁から、学習院出身の女官で退職した女官は一人もいなかったとの指摘があった。香子さんの知っていた女官と思《おぼ》しき女性も二十六年間在勤したとのこと。考えてみれば、慈愛に溢れ、聡明な美智子さまが、女官との意思疎通に問題があったはずがない。これは香子さんの聞き間違えだったのか。美智子さまにお仕えしたすべての女官が、深い感謝の念を持って御所を去ったというのが真実なのであろう。

**「試練をご自分で受けて立たれた」**

ファッションのみならず、言葉ひとつをとっても、宮中はまったくの異界といえた。「ええ」と答えるのは失礼で「はい」でなければいけない。「はい、そうでございます」が正しい。「ありがとう」という言葉はあまり使わず、「おそれいります」が多用される。美智子さまにとっては、ずいぶんと不自然なことだらけだっただろう。香子さんに言わせると「ご自分で受けて立たれたからすごいご苦労だったでしょう。だからそれに付随して意地悪をする人もあったと思いますよ。私たちから見ると、ご実家の環境も最高に良いと思われていた。それが仇になったように見えました。正田家のお父様はとても穏やかな方だったそうですけどね」。

結局、純子は十年余の在職期間の半分以上は出勤しなかった。肺炎だと称して仕事はしなかった。代わりの人が実務に当たっていた。

「それでもしょっちゅう、両方でゲバってね」と香子さんが笑う。「おば様はね、なかなか自分からお辞めになるとはおっしゃらなかったのよ。でも肺炎だってことになさっているから、お出かけになれないでしょ。だから、母がしょっちゅう習い事をご一緒するんで、あちらに行っていたんです」

　昭和四十四年の四月に純子は退任した。もう少し長く女官長の地位に留《とど》まるケースも過去にはあった。

「私の考えですけどね、やっぱりおば様にも非はありました。でもあそこまでこじれたのはどうだったのかって疑問です」

　穏やかな笑みを浮かべて香子さんはひとりでうなずいた。結局純子は、最後は宮内庁病院で息を引き取った。

　世紀のご成婚から六十年。数々の試練に対して、美智子さまはまっすぐな姿勢を貫かれた。改革を続けられるその気高いお姿は、これからもずっと変わらない。

# 第四章　皇居で素顔を見せられたひととき

**深い森の中を進む**

何度読み返しても、私なりに逸品だと感じる短編小説がある。たとえば、井伏鱒二の「遙拝隊長《ようはいたいちょう》」や林芙美子の「晩菊」、三島由紀夫の「橋づくし」などがそれにあたる。

これらの作品を思い出したのは、高倉やえさんの「皇居」という短編小説を読んだときだった。つい先年、知人に教えられて手に取った。それから五回ほど繰り返し熟読したが、そのたびに「見事だ」と感嘆する。ただ、高倉さんが他の作家の場合と違うのは、彼女がこの作品を『星月夜《ほしづくよ》』という単行本に収録し、平成二十五年に自費出版で刊行したところだ。

それは、彼女がはじめから職業作家を目指しておらず、今も小説で身を立てるつもりなど毛頭ない人だというのが主な理由である。さらに詳しい背景を説明する前に、「皇居」の内容を紹介しておきたい。

高倉さんと思しき主人公が、天皇、皇后両陛下から、友人夫妻など四人と一緒に皇居に招かれ、夕食をご馳走になった。その後、美智子さまがピアノを弾き他の二人の女性たちがフルートを奏でて、シューマンのエチュードを演奏した。ちょうど両陛下がサイパンを慰霊のために訪問する前だったというから、平成十七年の初夏のころだったのだろうか。午後六時半から四時間も歓待を受けた。

いや、「四時間も」とも言えるが、「たった四時間」でもあった。その間に起きたこと、見聞きしたことを著者は静謐《せいひつ》な筆致で淡々と綴っている。

たとえばノンフィクションで表現するとしたら、四時間という時間のチャンク（塊）から得た情報で、いかほどの作品が書けるだろうか。少なくとも読者が、これは良い作品だと認めるような水準に仕上げるためには、相当な筆力を求められる。特に皇居がテーマだとしたら、きわめて難易度の高い作業だ。

しかも、皇居と呼ばれる場所を見学以外の目的で訪れた人は、そう多くない。まして私的に両陛下と食事をともにする機会に恵まれるのはごく限られた人たちだろう。もしも作家なら、めったにない素材にめぐり合ったことになるわけで、それは極上の「第一次資料」を入手したことを意味する。

実は、両陛下が御所に、いわゆる文化人と呼ばれる人々を私的に招待し歓談なさるという話は、ずいぶん前から仄聞《そくぶん》していた。また、実際に文化人が両陛下にお会いしたときの体験を綴った文章が、雑誌や書籍に掲載されているのを読んだ記憶もある。当然ながら、その多くには、それぞれの書き手が両陛下に直接にお会いした事実に対する重みが、色濃く漂う。

それはその人にとっては大変な栄誉には違いないが、書き手のフィルターを通して、きわめて高貴な方の姿を捉えることに成功した作品を寡聞《かぶん》にして私は知らなかった。だからこそ高倉さんの作品との邂逅《かいこう》は衝撃だった。

高倉やえさんの「皇居」は、その題名が示すように舞台は皇居だ。まずは車で坂下門から入り、両陛下のお住まいである吹上御所へ向かう道行きから始まっている。

〈皇居の広さは知っているつもりである。暗いが分かるだろうと思った。ひとけのない中を走りだして間もなく左に折れる道があった。少し手前のような気はするが、ツゲらしい木々も刈り込まれ、奥に建物があるかもしれないと思って曲がった。しばらく行くと左右に道が分かれ、右奥は深い森に通じる様子で、左に見える大きな建物は宮殿の裏のような感じがする〉

ここで、車を運転していたのは主人公の夫である。ただし、夫は食事会には参加しなかった。妻を送ってきただけだ。

道に迷い、だんだん約束の六時半が迫ってきたため、一旦坂下門に戻り、門衛に再度聞いてみようと広い道を戻りかけたところで警備車両と出合い、「ご案内します」と言われ、後に続いた。

この冒頭のシーンだけで、読者は皇居という不思議な空間へ迷い込み、深い闇の中を突き進む感覚を味わう。一昔前の文芸評論家なら、道が左右に分かれ、右は深い森で、左は宮殿の裏側という描写に、社会的な記号を読み取ろうとしたかもしれない。だが、この作品には、そんな解釈をしたところでビクとも揺るがない堅牢《けんろう》な写実の力がある。

なぜ、両陛下に招かれたのか。それは主人公が、親しい友人である律子と夫婦ぐるみの付き合いがあったからだ。

アメリカ在住の律子についてはこう述べられている。

〈律子の夫は歴史学者としてアメリカを舞台に業績をあげ世界的に知られている。日本でも若くして発表した論文が吉野作造賞を受けた〉

〈律子の父は天皇が皇太子時代の教育係の一人であり、叔母はしばらく皇后の心理メンターでもあった〉

これらの文章から、律子と呼ばれる友人のモデルが誰であるかのおおよその察しはつく。律子の夫のモデルは、国際政治学者でアメリカ在住の入江《いりえ》昭《あきら》であろう。昭和九年に東京に生まれ、若くして留学生として渡米し、ハーバード大学で博士号を取得した。その後は日米の大学の教壇に立ち、多くの著書でも知られる高名な学者だ。吉野作造賞をはじめ数々の受賞歴もある。

律子は、「叔母はしばらく皇后の心理メンターでもあった」という言葉から、神谷美恵《かみや》子の姪《めい》と推測できる。神谷美恵子の父の前田多門は明治十七年生まれで、帝大を卒業後内務省に入省。その後は政治家、実業家として活躍。若いころに新渡戸稲造に師事しクエーカー教に入門、敬虔《けいけん》なクリスチャンであった。その長女が精神科医の神谷美恵子である。

美智子さまが皇太子妃となられてからの日々を振り返るとき、神谷美恵子の存在を抜きにして語るのは難しいだろう。

とりわけ浩宮、礼宮と二人の親王に恵まれ、結婚八年が経過したころからの美智子さまには、さまざまなご心労があった。それは当時の入江相政《すけまさ》侍従の日記や、東宮侍従だった濱尾実の回想からも推しはかれる。特に入江日記に示された美智子さまの入江に向けた質問、「皇后さま（引用者注：香淳皇后）は一体どうお考へか、平民出身として以外に自分に何かお気に入らないことがあるか」（昭和四十二年十一月十三日）という言葉はずいぶんと厳しい響きがある。

美智子さまが、このような問いを発せざるを得なかった状況というのは、けっして穏やかなものではなかっただろう。そんなときに美智子さまに寄り添い、精神的な支柱となったのが神谷美恵子だった。昭和四十年あたりから、神谷は美智子さまに招かれて何度も御所を訪れ面談しているが、当時、それを知る人はあまりいなかった。神谷の業績は、きわめて貴重で意義深いものだが、今回は話が逸《そ》れるので、割愛したい。

とにかく、美智子さまがかつて全幅の信頼を置いたのが神谷だった。神谷には息子はいたが娘がいなかった。それで姪にあたる入江昭の妻をまるで実の娘のように可愛がった。その姪が「皇居」に登場する律子というわけである。

はじめに律子夫妻が招待され、その知人である外務省審議官夫妻に声をかけた。さらに、もう一組誘ってくるようにとのことで、主人公と夫も招待された。しかし、〈夫は聞くなり拒絶した。伺っても話すことがないというのである〉。初対面の審議官と国際情勢などの話になれば退屈だという。しかし、美智子さまに興味があった主人公は、仕事の後で駆けつけることにした。ここで、主人公は二人の子どもを育てた後会議通訳として働いており、当日は伊豆のリゾートホテルでの仕事が入っていたという説明がある。続けて、なぜ美智子さまに興味があったかの理由を次のように述べている。少し長いが大事な一節なので紹介したい。

〈両陛下にお会いしたことはない。天皇は全く縁のない方だが、皇后は同じ社会の出である。直接の接点や関係などはなかったが、共に机を並べ、家を訪ね合っていたかもしれない同じ世代であった。当時の有名女子校にはそれぞれ皇太子妃候補なる人がいて、身近にも数人いた。ほとんどが皇族か公家華族の出身で、美智子様は例外だった。大学四年で見合いをして、卒業の年に結婚するのが決まりのコースだった当時、二十四になっていらした美智子様は遅いという印象で、あまりに申し込みが多くてお決まりにならないのだろうと考えていた。親しい友人の兄もクラブ関東で美智子様を見かけ、その美しさに夢中になって申し込んだが断られた。クラブ関東は財界人のクラブだが、父が私を伴うことはなかったので、美智子様のことは噂に聞くだけだった。ご婚約が成立したあとは、誰も申し込んだり断られたりした話はしなくなった。皇室の中での五十年が一人の若い女性をどう変えたのであろう〉

実に率直に美智子さまと同じ時代と空間を共有した女性の気持ちを語っている。そして、昭和三十年代の上流社会では、直接に交際していなくとも、なんとなく各々の家庭の動向を把握していたようだ。しかもその中で、皇太子妃候補となるような若い女性は、すでにある程度、絞り込まれていたのがわかる。

会食の一カ月ほど前に宮内庁から電話があり、主人公は肩書を聞かれる。「会議通訳です……ね」と答える心中は複雑だった。第一線で活躍しているまぎれもないキャリアウーマンであるが、望んで選んだ職ではなかった。〈中年になって「夫人」と「主婦」から逃れるにはそれしかなかった〉という言葉から、主人公が女性の社会参加に強い意識を持っていることが垣間見える。

## 夕闇に浮いた花

〈先ほど間違って曲がった角をさらに倍ほども進んでから左折した。道は狭くなり、歩くよりも遅く感じる速度で先導車は行く。空が見えないほど木々が繁り、根元は密林のような灌木と草に覆われていた。足元の舗道がなければ富士の樹海に迷い込んだかと思われる。ただただ真っ暗な中に雨がしとしとと落ちる。（中略）孤島の森に迷い込んだ気がする〉闇や森や雨が行く手の不安を増幅させ、主人公の緊張の高まりが、静かに忍び寄ってくる。

ようやく木々が刈り込まれ、車寄せの明かりが見えて主人公は目的地に到着した。夫は妻を降ろすと、そのまま去った。最初に通されたのは二十畳くらいの簡素な部屋で、すでに他の客は到着していた。そこにいると、「両陛下がお待ちです」と侍従に告げられ、廊下へ出た。二部屋を過ぎた右手にドアがあり、入ると両陛下が並んで微笑んでいた。

〈「ようこそ」と言われる皇后の声は少女っぽく、やや高いトーンのハスキーな声が優しく響く。肌白のお顔は淡いグレーのおぐしに縁取られ、眉も目も緩やかなカーブを描いて夕闇に浮いた花のようだった〉

両陛下の周囲に漂う静かで温かい空気に主人公は感動する。〈この和と歓待のご様子は日本を代表していただくのにふさわしかった〉とは、数々の国際会議で通訳として働く主人公ならではの観点だろう。

美智子さまが手で席を示し、それぞれが着席する。この部屋の描写は実に具体的だった。まるで写真を撮ったようである。

〈素っ気ないほど何もない部屋である。窓際に沿って出窓風に張り出した台の隅に、外国の来客からの記念品でもあるのか大きな皿が置いてある。ほかに名画が掛かっているわけでもない。部屋の幅いっぱいに広がる窓に、雨に濡れ風に揺れる木々のうねりが時に部屋の明かりに映し出されて漆黒の中に浮かび上がる。ヤツデのような大きな葉が現れては消えるのが生きた抽象画のようでいちばんの装飾と見えた〉

ひと通りの挨拶が終わり、さらにとりとめのない会話を交わしていると食事の用意が整い、隣室のパーティションが開けられる。中央に八人掛けの木製の食卓がある。この部屋もまた特別な装飾はなく、すでに和食が準備されていた。

食事中も途切れることなく〈お住まいを建て替えられた話から、日本の建築の話、互いの知人の消息のあれこれが話題〉となり、陛下はほとんど話さなかった。しかし、あいづちは打ち、質問もする。感想は述べないで穏やかな表情をしていた。

ここで美智子さまが話したことが、主人公の驚きを誘った。〈ようやく女性の護衛官がつきました〉と言ったのである。護衛官はどこにでもついて来るので、化粧室を出たときも、待機しているのは男性だ。それが〈どんなにおいやだったろう〉と思い、主人公は胸が痛んだ。

〈若い妃殿下たちには早くから女性がついたが、皇后には皇太子妃のときに男性がつけられ、それがそのまま今日まで続いた。周囲は侍従、事務官、どこを見ても男性ばかり、「男の子になったみたいで」とまるく節をつけるように甘く繰り返しておっしゃる〉

この後には美智子さまの話し方についての考察が続く。とても女性っぽい話し方をするのは、ご自身がお書きになる文章からは想像がつかない。

〈高いトーンの声で、柔らかい言葉が優しく丁寧にたたみ掛けるようにかぶさってくる〉。もちろん、話し方への印象は千差万別だが、〈お堀の外ではまだるっこいとも、女らしさを強調してわざとらしいとも言われよう。男性に囲まれて女性的なものを精いっぱい守ろうとなさった結果かもしれない〉との解釈を述べている。

この後にも会話の中には、主人公が懐かしいと感じるような昔の女性の言葉遣いが出てくる。そして、話の途中で何度も陛下のほうを見て、そのご意向を確認するようなそぶりを示す。〈女性が男性に甘えているかたちだが、これほど自然に見えたことはない〉と主人公は感嘆する。確かに、戦後の日本の夫婦関係は大きく変化した。お互いに対等であるという考えはもはや常識となった。だからこそ甘く柔らかい美智子さまの語調に驚きすら感じたのだろう。

このあたりの描写は、ただただ賛美して過剰敬語を並べる凡百の皇室ジャーナリストの筆致とは、明らかに一線を画する。

〈天皇の妻となるなら天皇の義務に従うほかはない。皇后はひたすら「天皇の心に添うよう」に生きていらした。その献身と国民のために先祖に祈るという半世紀のならいが、義務に生きる人の崇高な香りを皇后に与えた〉という歯切れの良い文章も、現実をよく捉えている。著者である高倉やえさんに関する私の興味が高まったのは、こうした冷静な視線や品位を感じさせる文体の故だった。

**シューマンのエチュード**

高倉さんが、「皇居」という短編小説を上梓《じょうし》したのは平成二十五年である。彼女がなぜこの作品を書いたのか。それを知りたくて取材を申し込んだ。

題名は「皇居」であるが、実は作品のテーマは別にあるような気がした。もしかしたら私の思い込みかもしれないが、実際に天皇、皇后両陛下から御所に招かれ、食事をご馳走になった際の情景を、高倉さんは緻密な筆遣いで淡々と描写したのではないだろうか。余計な感傷や推測は省かれている。だが、そこから、読者は思いもかけない問題意識を呼び起こされてしまう。少なくとも私にはそう感じられた。

彼女が問いかけているのは、現代社会における女性の生き方ではなかったか。高倉さんは美智子さまとほぼ同じ世代に生まれ、似たような環境で育ち、社会が大きく変容するのを体験した。その過程をじっと醒《さ》めた眼差しで見つめ続けた結果が、あの作品を生み出した。

「皇居」の後半を過ぎたころ、次のような場面がある。

食事の後で美智子さまが客である二人の女性と一緒にフルートとピアノの合奏をする。主人公・八重は楽器を弾かず、もっぱら〈拍手係〉を務めていた。

シューマンのエチュードをピアノで演奏しながら、〈掌で音を慈しみ、心で旋律を味わっていらっしゃるよう〉な美智子さまは〈どうしてこうも美しいのでしょう。胸が締めつけられるようね〉とつぶやく。

〈お顔に浮かぶ優しい表情、同じ言葉で語り合いながら感じる稀なお方という印象はどこから来るのだろう〉と主人公は考える。そして、ご婚約発表当時の〈騒ぎ〉を思い出す。新聞、雑誌はこぞって「平民」と書き立てた。

千数百年にわたって、天皇の妃には公家の娘が迎えられるものだった。〈間接的に見聞きする公家階級の「平民」に対する感覚は、庶民からは理解しがたいものだった。普段は表わさないが、婚姻となると平民を熊襲《くまそ》か夷《えびす》のように異界の者と感じるらしい。公家の頂点の天皇から望まれて、美智子様は庶民の代表として皇室に入る決心をされた。自分を選ばれた天皇の愛を唯一の頼りに、異界の代表を見つめる目の中で務めを果たそうとなさった〉

では、その務めとは何かといえば、〈祖先を祀《まつ》ること〉すなわち〈民の安寧を祈願すること〉なのである。だからこそ両陛下は熱心に戦跡を訪ねた。犠牲者への鎮魂の行為としてである。そこに〈昭和の天皇制の負の遺産である太平洋戦争に対する責任感が重なったのではないだろうか〉と推測し、〈それだけに、他国の君主に類のない、国民に対する誠実さを見せられたのではないか〉という結論へ導く。

まさに簡潔にして、平成という時代の両陛下の在り様を見事に語っている。

「きっと、またお会いしましょう」

会食の最後に、客の一人が〈戦後の六十年の平和は本当に貴重なものです。陛下のお気持ちが通じたものと思います〉と述べた。誰にとっても異存はなく、一同は頭を下げた。

これが物語の終焉《しゅうえん》だと読者は思うはずだ。しかし、高倉さんはここで筆を擱《お》かなかった。客が玄関に向かっているときに美智子さまがすっと主人公の傍に寄ってきた。〈お仕事の話を伺いたかった〉と言い、〈私も秋篠宮妃も働いたことがないので、職業を持つ方の気持ちが分からなくて〉と言葉を継《つな》いだ。

玄関は目の前であり、勤務時間を過ぎたのか侍従の姿はなく、カーキ色のワンピースの女性がいた。

乾《いぬい》門から車で退出するときに、主人公は思う。〈楽しかったが、やはり不思議な方に会った気がする。あまりに遅いので夫は森に呑まれたかと心配しているかもしれない〉

帰宅後に、お礼の手紙と手編みのレースと友人の翻訳本を侍従職宛てに主人公は郵送した。数日して女官長から電話があり、美智子さまよりの謝礼のお言葉が伝えられた。そして数カ月後に友人の本が返却されてきた。ご多忙ながら、翻訳の雰囲気だけでも感じ取ってもらえたかと主人公が思っていると、ほどなく女官長から電話があった。美智子さまがお話をしたいという言葉があって、ちょっとすると〈八重さん?〉と相手を確かめるような懐かしい響きが電話口から流れてきた。〈手紙を入れることを忘れて〉と続いた。〈ひと時代前の女性の社会の雰囲気が立ち上る感じがする〉。手紙を添えずに本を返したことへのお詫びの電話だった。主人公がお電話までいただき恐縮すると丁寧に答えると、

〈またお会いしたい〉と美智子さまは言った。外交辞令ではなく今の瞬間のお気持ちが伝わってきた。

〈私もまたぜひお目にかかれることを願っていると申し上げながら、お互いあまり時間は残されていないことを思った。それぞれに果たすべき義務は残っているのだった。

「きっとね。ええ、きっとよ、またお会いしましょう」

相手を包み込むような柔らかな優しい響きが受話器の奥に消えた〉

これが「皇居」の最後の文章である。はっと胸を衝《つ》かれるような終わり方だ。主人公の働く女性としての矜持と、美智子さまに対する深い尊敬の念が同時に伝わってくる。しかし、この平衡感覚はただ事ではない。

平成三十年五月の連休明けに、私は高倉さんからお話をうかがう機会に恵まれた。いったい高倉さんは、どのような生い立ちなのだろう。そこから質問を始めさせてもらった。

昭和十二年生まれの八十二歳。父親は佐賀県、母親は長崎県の出身で、福岡県の戸畑市（現・北九州市）で生まれた。すぐ近くの若松市（同）には八幡製鐵や三菱化学などがあり、日本一の工業地帯と呼ばれた。

高倉さんが幼いころに日本は太平洋戦争へと突入し、やがて戦火が激しくなり東京へ疎開した。そんなことを話しても、「皆さん信じてくださらないんですけどね」と高倉さんは笑う。まぎれもなく、米軍にとっては、九州北部一帯が爆撃の対象だったのだろう。そして原爆も広島の次は小倉に落とす予定だったのだが、八月九日の小倉はたまたま雲が垂れこめていて、当時の技術では落とせなかった。それで長崎が犠牲となった。もし小倉に落ちていたら高倉さんは亡くなっていたかもしれない。

美智子さまも戦時中は疎開を経験し、本土の爆撃で親族を亡くしている。当時の子どもにとって、戦争の体験はその後の人生に大きな影を落とした。後に高倉さんは同時通訳への道を選び、数々の国際会議で活躍することになる。それもまた、世界平和への貢献の一つといえる。

小倉高校を卒業した高倉さんは、東京女子大に進学した。

「何であそこを選んだかっていうと、花嫁修業じゃなくって学問派だったんですよ。総合大学は女子が行けなかった時代でした。弟は東大に行きましたけど、私は行っちゃいけないと言われて。だから、女子大でも日本女子大はどちらかといえば良妻賢母っていうところ。お茶の水女子大は学校の先生になるような感じ。東京女子大ならって母も言って。ただ唯一、〝アカ〟にならないようにって」

今から思えば笑い話だが、親としては娘の向学心は認めるが、男女共学の大学へ進学させるのは抵抗があり、特定の思想にかぶれるのも心配だった。東京女子大だけは許可が出た。もっとも高倉さんはお茶の水女子大にも合格していたという。いわゆる才媛と呼ばれるのがふさわしい娘さんだったのだろう。

といって、大学卒業後の就職などは思いもよらない時代だった。学校の先生になるくらいしか仕事はない。出版社に勤めた友人はいた。

「でも、出版社も親元から通うこと。結婚した途端にクビ。女性が働くのは独身って決まっていましたね。そういうのに反抗しようとしたら、それこそ家出するくらいの覚悟じゃなきゃ。ほとんどの人はそれだけの元気がなくて、仕方ないから結婚する。だからすぐに子どもが生まれるんです。今の少子化なんて、たいへん結構なことだと思います」

なるほど、さして望まぬ結婚をして、そのまま子育てに追われる生活しか女性に選択肢がなかったとしたら、あまりにも惨めである。しかし、高倉さんの若いころは、それを不思議とも感じなかった。

「あのころは大学四年生の秋になると友だち同士でお見合いした話をしてましたね」

高倉さんも同じだった。大学四年生で見合いをする。もちろん、会った上での好き嫌いは言えた。しかし、この人は嫌だ、あの人も嫌だと言っていると、縁談を持ってくる人がいなくなる。どうしても知り合いからの話が多い。だから断ってばかりいると、「あの方《かた》はわがままだ」ということになったらしい。

そこから、最初の見合い相手を断ると、二番目の人のときも「最初の方《かた》がまだ良かった」という気持ちになるから断る、という流れになりがちだ。結局のところ求められるのは妥協だった。ある一定の時期までに結婚しなければならないのだから、仕方がない。

「見た途端に嫌だとか、そういうことがなければ、もう受けちゃうわけ。だからみんな結婚するんです。そうでなければ結婚するわけがない」

高倉さんのこの言葉にはっとする。もっと勉強がしたい、自分の好きな道を究めたいと考える若い娘にとって、結婚はさして魅力的なものではなかった。現代でも、女性の結婚年齢は上がるばかり。まだ二十代のはじめで、自分の人生の進路を決めてしまいたくないと考える女性が多いのか、晩婚少子化が進んでいる。

## 〝社会の枠〟と対峙する

当時のお見合いとは、実際にはどのような段取りだったのか。高倉さんを含めて、彼女の周辺の人たちのお見合い事情を紹介する前に、少し高倉さんの家庭環境にも触れておきたい。

高倉さんの父親はある財閥系の大企業に勤務していた。順調に出世をして、その会社の代表役員となり、一家は東京に移り住んだ。これは、現在なら副社長といった地位だった。社長は財閥のオーナーだったから、代表役員は実質的な経営のトップである。日本中で知らない者はいないほど有名な企業だ。

今の世の中でも同じだと思うが、一流企業の社長や役員は、庶民には想像がつかないほどの高給を取る。高倉さんは裕福な家庭で弟と二人で育った。

お見合いで結婚しなくとも、きちんと充実した生活を築ける人だったろう。それは美智子さまとあまり変わらない青春だったのではないか。そして、高倉さんも美智子さまも世間の常識を覆すような破天荒なことはしなかった。

半世紀以上も昔のお見合い事情は、なかなか興味深い。

「みんな口では『簡単にしましょう』って言いながら、ホテルにお席を取って豪華なお食事をしたり、お茶だけのこともありますけど、親は必ずついて行きますね。家族を見なきゃいけないわけだから。だって、結婚っていうのは家族の問題であって、本人じゃないから。お見合いの前には、どんな家庭でお金はどのくらいありそうかとか、結婚すればどちらにどういう利益があるかとか、本人の容姿とか学歴とかあらゆることを考えて、それはどんなレベルでも、みんなそれぞれのレベルで計算するんです」

つまり、当時の日本の若い娘の場合、お見合い結婚が主流であり、それはさまざまな条件や思惑の結果で成立していた。そう言ってしまうと身も蓋《ふた》もないが、結婚が女性にとっては就職と同じだった時代が確かにあったようだ。

前にも述べたが、上流階級には独自の情報網があり、美智子さまのお見合いの話も高倉さんは耳にした覚えがある。外交官との縁談が噂《うわさ》になっていたという。聖心女子大を卒業した女性は、外交官と結婚するケースが多かったらしい。実は筆者にも、ごく若いころの友人に、外交官の娘さんがいた。彼女がいかにも大事な秘密を打ち明けるように、美智子さまがある外交官とご結婚する予定だったと話してくれたことがあった。

そんな噂が流れても不思議はないほど、美智子さまは完璧な条件を満たしていたのだろう。そして皇室に嫁ぎ、あらゆる美徳が純粋培養されて、現在の高貴なお姿になったのではないか。

高倉さんは見合いで、五歳年上の男性と結婚を決めた。幸いに夫とはきわめて円満な生活を送ってきた。それでも、二十七、八歳のころに「おかしいなと思い始めた」ので、いろいろな大学が集まって作っていた、大学婦人協会という組織に参加した。

同時通訳の仕事を始めたのは四十八、九歳からだ。現在に至るまで、高倉さんには海外留学や夫の海外赴任に伴う外国生活の経験はない。それなのにプロの同時通訳になるのは稀有《けう》な能力といえよう。八十二歳の今も現役で仕事を続けている。

さらに小説を書き始めたのは六十八歳のときだった。彼女が最初に師事した先生の名前を聞いて驚いた。根本昌夫氏だったのである。平成二十九年、教え子である石井遊佳《ゆうか》さんと若竹千佐子さんの二人が芥川賞を同時受賞して注目を浴びた人だ。しかし、高倉さんは、なにも芥川賞を目指して根本氏の小説講座を受講したわけではなかった。

彼女は早い時期から、通訳養成の学校の教師もしている。

「あんまり私の日本語が生徒さんの日本語と違ってきたので、少し日本語を勉強してみようと思って」というのが小説講座受講の動機だった。

就寝前の一時間くらいパソコンの前に座って執筆する。「皇居」が完成したときは根本氏の教室にいたので提出した。この作品を読んだ根本氏は出来栄えを高く評価して、なんとか発表できないかと言ってくれた。だが、高倉さんは特に発表したいとも考えていなかった。後に自費出版で角川書店から短編集として刊行した。編集者も他の作品には手入れをしたが、「皇居」はほとんど手付かずだった。

高倉さんから見ると、女性は枠にはめられて、男の作った社会でこういうふうに生きろとずっと言われてきた。その殻を破る人は増えたが、まだ全体の三割くらいだろうか。

「だから、それを取っ払ったらどうなるのかなって、すごく興味があるんです。いつも、どの本を書いてもそれが根底にあるんです」

上品な微笑を浮かべて高倉さんが語ってくれた執筆の原点が、私にはひどく新鮮だった。社会の枠組みの中で自由を手に入れる高倉さんのような女性と、皇室という枠組みの中で自分らしさを失わず、皇后としての仕事を果たし続けられる美智子さま。そして、枠組みを取っ払い、自分の道を模索しながら生きる現代の女性たち。それぞれの時代に生きる女性像の追究は、高倉さんだからこそ書けるテーマである。

このテーマに沿って考えたときに、なぜ「皇居」という作品が生まれたかもわかったような気がしたのだった。

# 第五章　未完の小説「美智子さま」を書いた女流作家

## 小山いと子への抗議

小山いと子はなぜあの小説を書いたのだろうか。『美智子さま』と題する長編である。いかにも芯の強そうな、はっきりとした輪郭の彼女の風貌を思い出すたびに、なんともいいがたい不思議な感じがする。

今では知る人も少ないかもしれないが、かつて小山いと子は流行作家として数々の著作を発表した。昭和二十五年、四十九歳のときに、直木賞を受賞している。すでに昭和十四年には短編小説「四A格《スペシャル》」で芥川賞候補にもなっていた。

作家としての立ち位置は多彩であり、社会派の作品から恋愛小説、ドキュメンタリーノベル、国際的なテーマまで、さまざまな分野での話題作を発信し続けた。

その中でも昭和三十年の新年号から二年間にわたって雑誌『主婦の友』に連載された『皇后さま』は、いと子の代表作の一つといえる。昭和天皇の后《きさき》である香淳皇后の生涯を綴ったもので、昭和三十一年十一月二十五日に主婦の友社から刊行された。この時期は、両陛下ともご健在だったので、作中の香淳皇后は良子《ながこ》皇后、あるいは良《なが》さまと呼ばれていた。

現在に至るまで、香淳皇后の伝記で、これを超える作品はないといえる。余すところなく香淳皇后の、たおやかで優しいお人柄と、常に天皇を支えてきた月日を描いている。後にいと子は「『皇后さま』執筆の思い出」という文章の中で、次のように、きわめて謙虚な言葉を述べている。長いが引用しておきたい。

〈『皇后さま』を書かないかと編集部から話があったとき、私は即答しなかった。先輩友人をはじめ家人までがみな反対するのである。理由はいろいろであった。中には以前某氏が皇室を書き、一部の者に襲撃されたことを持ち出す人もあった。しかし本誌（『主婦の友』）の熱意に動かされ、熟慮の末、執筆の決心をした。社を挙げて（これは現社長の言葉であったが）大勢の記者諸氏が手分けして毎月正確な資料蒐集《しゅうしゅう》にあたり、最初は冷淡だった宮内庁も三ヵ月載ったころから積極的に協力の態勢になった。はじめ六ヵ月の予定が二年間の長編になったが、これだけまとまったのは、すべてこれ多くの方々の協力のたまものであって、私はただペンを執ったというだけにすぎない〉（小山いと子『人生十色』）

ちなみに、皇室を書き、一部の者に襲撃されたとあると、つい深沢七郎の『風流夢譚《ふうりゅうむたん》』の事件を思い出してしまう。

これは版元である出版社の社長宅が襲われた事件だが、昭和三十六年のことであり、いと子の『皇后さま』執筆開始よりずっと後である。ただし、いと子の言葉からは、『風流無譚』前の昭和三十年当時でも、皇室に対してさまざまな思想信条を内包した活動家による事件の数々が実際にあったのだろうと推測できる。まだ戦後十年足らずだったこの当時、一部の人たちは、皇室はこうあるべきだという過激な思い込みに突き動かされて行動していたようだ。

いと子はデータ集めに協力してくれた人々へ、甚大な謝意を表明している。確かに、天皇が現人神《あらひとがみ》ではなくなった戦後だからこそともいえるが、作品の持つ、宮中についての情報量の豊かさには目を瞠《みは》るものがある。だが、この作品の成功の底辺に流れていたのは、著者の絶対にぶれない良子皇后への深い敬愛の念だったように思える。

やがて『皇后さま』はアメリカでも英語に翻訳され出版された。天皇制や王制のないアメリカの読者には、さぞや宮中の実態は興味深く読まれたことであろう。いと子は昭和三十年に入るとアメリカを訪れ、『大地』で有名なノーベル賞作家、パール・バックと面会したのだが、パール・バックの夫はニューヨークの出版社、ジョン・ディ社の社長だった。その縁で『皇后さま』の翻訳本の刊行がすんなりと決まったという。

いと子の執筆活動は好調の波に乗り、次々と話題作を世に放った。そして、『皇后さま』のヒットから四年余りを経た昭和三十六年の一月号より、月刊誌『平凡』で、皇太子妃美智子さまの実名小説「美智子さま」が始まったのである。まさに満を持しての執筆開始であった。

こちらも、初めから大評判の滑り出しだった。そもそも昭和三十四年四月のご成婚以来、美智子さまの人気は日本中を席巻していた。美しく聡明な皇太子妃は翌年の二月には浩宮さまを出産した。母としての輝きは眩《まばゆ》いオーラを放ち、国民は心から新家庭の幸せを祈っていた。

だからこそ、まるでリアルタイムで見たかのように描き出される美智子さまの家庭的な背景、友人たちとの交流、皇太子との交際から結婚までの経緯などは、たちまち読者のこころを捉えたのだった。

ところが、昭和三十八年三月十二日、次のような記事が新聞各紙に掲載され、世間の耳目を集める仕儀となった。

朝日新聞では「小説『美智子さま』の中止　宮内庁が申入れ」、毎日新聞では「小説『美智子さま』に抗議　連載中止申し入れ」と、いずれも社会面の大見出しだ。すでに昭和三十六年の一月から連載されているものに、なぜ二年も経ってから宮内庁は「中止」を求める強い抗議に踏み切ったのだろうか。朝日新聞によると、宮内庁が問題としたのは三つの点だった。

〈①興味本位の実名小説で、私生活に対する侵害と思われること②事実と小説の間があいまいで、国民に誤解されるおそれのあること③事実に相違することも部分的にあること〉（昭和三十八年三月十二日付朝日新聞）

現代ならば、さしずめ「プライバシーの侵害」の一言で説明がつくことだろう。

これらの三点を挙げられたのに対して、月刊『平凡』の版元である平凡出版（現・マガジンハウス）の側は〈掲載については慎重な配慮をした。小山さんはかつて『皇后さま』という小説を書いたが、これが好評で、外国でも出版された。あくまでも皇室と国民をより親しくという立場であり、これまで問題にされたことはない〉（同）と答えている。

だが、宮内庁はかなり強硬だったようだ。伊藤宮内庁総務課長の話を伝えている。

〈あの小説は関係者の実名を用いて興味的に扱っており、どこの個所がいけないというのでなく、全体として好ましくない。善処方を申入れ、回答を待っているが、くわしいことはいまいえない〉（同）と述べ、部分的に直して済む問題ではないとの見解を示した。

その後に、いと子の談話も載っている。自分は皇室に好意を持っており、表現についても十分に気をつけたつもりだと語っている。その上で、もう浩宮の誕生で終わりにする予定だったので、〈終了することになると思います〉（同）とある。

この前後に、宮内庁と出版社の間で何度か話し合いが行われたとは思うのだが、詳しい経緯は不明だ。そして、翌日三月十三日付の朝日新聞には、早々と平凡出版が連載中止を決めた旨が記されている。

結局、この連載が単行本になることはなかった。

## 大人気の皇太子ご一家

明治三十四年に高知市で、県庁の役人の娘として生まれたいと子は、時に六十一歳だった。還暦を過ぎたベテラン作家が自作を全否定されたのだから、ショックは大きかっただろう。

この前年、昭和三十七年の『週刊平凡』増刊四月五日号は、それまでにいと子が執筆した五百枚の原稿を一挙掲載した。実際にその現物の雑誌を手に取ってみると、どうしてこの作品が問題となったのか。その社会的な背景もわかるような気がする。

ざっと目次だけ紹介すると、折り込み口絵で「皇太子・美智子さま御成婚式」があり、その後は「ナルちゃんを囲んで　海辺のナルちゃん　ママに抱かれて」といった具合に延々と浩宮さまのカラー写真が続く。ここであらためて思い出すのは、確かに浩宮徳仁親王がまだ赤ちゃんのころ、国民はこぞってその愛らしい姿に魅了された。口絵の次には「デラックス・グラフ」が続き、まさにグラビア誌の趣である。

キャプションもまた、「いやだよ！　ママ」とか「ママ　ちょっときてごらんなさい」といった幼児言葉が溢れ、あたかも「ナルちゃん」の気持ちを語っているようだ。皇太子ご夫妻の長女である愛子さまが幼いころは、こんなに多くの写真が雑誌に掲載されたことはなく、可愛らしいお姿が国民の目に触れるのは、ごく限られた場合のみだった。それに比べると、実に六十ページ以上が「ナルちゃん」のスナップ風の写真に費やされていて、報道規制はどうなっていたのだろうと思わせる。かつて、これほどメディアへの露出が頻繁だった皇族はいなかっただろう。

そして雑誌の後半は、件《くだん》の小説「美智子さま」五百枚一挙掲載である。現在になって読み返してみると、確かに多少の違和感は拭えない。美智子さまのセリフがどこまで真実かもわからず、なにより良子皇后は「皇后さま」と書いてあるが、美智子さまは「美智子」とだけあって、敬称が略されている。つまり距離感の取り方を間違えている印象だ。しかも会話体が多用されており、すべてが真実とは到底思えない。

まだノンフィクションの定義が確立していなかった昭和三十年代なので許された手法かもしれないが、今なら完全に禁じ手である。

同じく『皇后さま』にも会話体は使われているのだが、これは問題にならなかった。おそらく、いと子が書いているように、途中からは宮内庁の協力があり、ある意味ではお墨付きをもらっていたのではないだろうか。

いずれにしても、これでは宮内庁が抗議に踏み切ったのも当然と思われる箇所が散見された。単行本化は難しかっただろう。

あらためて「ご結婚3周年記念」「かわいい浩宮さまグラフ」と表紙に謳《うた》ってある雑誌を読み返すと、小説「美智子さま」の本文ページに掲載されている美智子妃の写真もまた、半端な数ではないことに気づく。幼少期から女学生時代、そしてテニスコートでの溌剌《はつらつ》としたプレーなど、よくもこれだけ集められたと感心する。その上、小説に挿画を寄せているのが宮永岳彦である。コマーシャルアートでは第一人者であり、後年芸術院賞を受賞した。

**「親近感」に足を取られたか**

また、同誌には月刊誌である『平凡』五月号の広告も掲載されているのだが、「橋幸夫さんのアメリカ旅行グラフ」「小林旭さんの結婚問題」といった芸能記事の見出しとともに、「豪華3大付録」の中に「皇太子ご一家ブロマイド」とあるのには驚かされた。ここまでくると、まるで芸能人扱いである。

「東洋一の発行部数を誇る世界の娯楽雑誌!」と自ら銘打っているのだから、発行部数は相当なものだったのだろう。そうした雑誌に、あまり高い垣根を設けずに皇族方、とりわけ美貌の皇太子妃が登場しているのは、いかにも戦後の荒廃から立ち上がろうとしている日本の勢いをも感じさせる。昭和天皇が全国をご巡幸し、国民の中に分け入って皇室との距離を劇的に縮めたのはまぎれもない事実だった。

ましてー般家庭から嫁がれた美智子さまの艶やかでフォトジェニックな美貌がグラビアで登場するたびに、親近感を強めた日本人は多かったに違いない。なんとなく、すぐ近くに、世にも稀《まれ》な美しいご一家がいて、遠い親戚のような錯覚に陥った人もいたかもしれない。

ただし、同じ親近感を抱くにしても、平成になって、皇后に即位された後の美智子さまのお姿は神々しいまでに気高く、典雅な威厳に満ちている。被災地や戦災の慰問、慰霊に訪れ、優しくお声がけをされる様子は、いつも映像や写真で流れ、人々は感動のあまりに深く頭《こうべ》を垂れる。まだ皇太子妃であり、若き母親だった美智子さまが華やかな笑顔と最新のファッションでメディアに登場されたころとは、国民が刺激される感性はまったく異なっているだろう。

また皇室に嫁がれて日の浅い美智子さまに対しては、多くの人が近しい気持ちを抱いていた。そこに、いと子は足を取られたのではなかったか。特に、『週刊平凡』の増刊号が刊行された後、月刊誌『平凡』五月号から、連載終了となる昭和三十八年五月号までに連載された「美智子さま」の内容には、眉を顰《ひそ》めたくなるような描写がある。結婚の儀が終わってからは、「美智子」から「美智子さま」へと呼称は変わるものの、いささか筆が滑り過ぎている。それでも、読者からの支持は圧倒的だった。昭和三十七年九月号の誌面の片隅にある囲み記事には、この小説がラジオドラマ化されたというお知らせが載っている。

同じ記事に、同年七月号での執筆内容についての記述がある。それは、皇太子と美智子さまの婚約が内定し、両陛下にお会いするため皇居に参内した美智子さまの母親の正田富美が、正式の礼服である五ツ紋の用意がなかったため、三ツ紋を着用したというもの。婚約があまりに急に決まったためだった。しかし、後に紋付の正略も知らないのかと、いわれなき非難を浴びたことを、いと子はきわめて好意的に冨美の側に立って記述した。

ところが、その七月号の内容に対してある愛読者から、いと子宛てに投書が届いたのである。その投書が九月号に載っている。〈田舎者《いなかもの》の私でさえ、五ツ紋を持っており、それが正式であると存じますが、正田家にしては、ちょっと、解《げ》せないのですが……〉という内容だった。暗に想像や伝聞で書いているのではないかという指摘とも受け止められる。

これに対するいと子の返答は次のようなものだった。

〈わたくし、ある会で正田夫人とご同席《どうせき》したことがあり、そのおりいろいろとお話をかわしました。

美智子さまをお輿入《こしい》れするにあたってのご苦労《くろう》ばなしのあと、『宮中《きゅうちゅう》へ参内したとき、五ツ紋の用意《ようい》がございませんで、三ツ紋でまいりました』と申されました。なにげなく聞いていたものの、これは作家にとって秘話《ひわ》にぞくするものです。それがなぜご用意がなかったのかは、たしかめませんでしたが、正田夫人じきじきの談話《だんわ》なのです〉

今ならば、三ツ紋でも五ツ紋でも、どちらでもかまわないと思うのが普通だが、当時はまだ、そうした伝統にこだわる階層が厳然として存在したのだろう。正田夫人からじきじきに聞いたと言い切るところに、いと子の作家としての意地が感じられる。

編集部もまた、この作品を〈一冊の本になったら空前《くうぜん》のベストセラーになるだろうとウワサされる力作《りきさく》〉として、〈事実《じじつ》にうらづけされたこの小説に、小山先生がなみなみならぬ情熱《じょうねつ》をそそいでいられることがご理解《りかい》いただけると存じます〉と自信のほどを見せている。

だが、前述のように驚くべき量の情報と写真が収められた作品であるにもかかわらず、連載中止となり、単行本にもならずに今日に至った。今、その小説を読もうとするなら、掲載当時の雑誌を探すほかないのだ。部分修正という解決策をとることさえもできなかったのは、全体に大きな欠陥があったからに他ならない。
いと子自身も連載の最終回では、単行本化を断念していたのかもしれない。〈伊勢神宮御奉告《いせじんぐうごほうこく》の項《こう》で、祭主《さいしゅ》の描写及《びょうしゃおよ》び御潔斎方法《ごけっさいほうほう》などに調査《ちょうさ》がゆきとどかず、関係者《かんけいしゃ》にご迷惑《めいわく》をおかけしたことをお詫《わ》びいたします〉と最後に記した。

## いと子はなぜ書いたのか

小説「美智子さま」が好評を博していたものの、志半ばで筆を擱《お》くことになった小山いと子。その影響か、直木賞作家でありながらも後世の評価はけっして芳しいものではない。当時、いと子の心中はどんなものだっただろうか。また、執筆の意図はどこにあったのだろうか。遺族の証言とともに考えてみたい。

いと子が精魂込めて約二年間にわたって月刊『平凡』に連載した小説「美智子さま」は、宮内庁からの申し入れにより連載中止を余儀なくされ、ついに単行本化もされなかった。すでに文壇で名を馳せていただけあって、当時のいと子には作家の知友も多かった。しかし、昭和三十八年に起きたこの件に関しては、誰一人、いと子の側に立って弁護してくれる同業者はいなかった。日本文芸家協会理事長の丹羽文雄《にわふみお》は次のような談話を発表している。
「皇室のことを作家として真正面から覚悟して書くならいい。しかし小山さんの作品の場合、やや冷静を欠いていないか。小山さんは非常な皇室好きで、ほれぬいている態度だ。このさい筆をおいた方がいい。宮内庁の申入れを〝言論の自由の弾圧だ〟ととって抗議してゆくとしたらスジ違いだ。しかし、いちばん心配なのは、ワイワイ騒いでいるうちに〝だから不敬罪の復活が必要だ〟などという声の出てくることだ。」（昭和三十八年三月十二日付毎日新聞）

丹羽が言いたかったのは、とにかく、過剰反応で保守かリベラルのどちらかに世論が大きく振れるのを防ぎたいということだったろう。現在になって読んでも、きわめて正論である。これに付け加えるなら、いと子が「皇室好きで、ほれぬいている」としている部分は、「皇室好きで、良子《ながこ》皇后にほれぬいている」としたら理解が容易になるのではないかと思う。いと子がほれていたのは、良子皇后（香淳皇后）に象徴される戦前の価値観を保持した皇室である。

「美智子さま」は、平民出身の皇太子妃を迎える皇后の度量の大きさや温情についての記述が際立っている。そうなると、いと子が「町方の娘」と表現した美智子さまに対する目線は、どうしても一般の女性を宮中に迎えてあげるという感覚が強く打ち出される結果になった。だから、安易に美智子さまの心情にまで立ち入った、いささか乱暴とも読める描写に至ったのだろう。そこには残念ながら、畏敬《いけい》や尊崇の念などは感じられない。

**孫の前では無邪気な祖母だった**

他にも、事実誤認や私生活への過剰な侵害があったのは確かだ。これらもまた、いと子の美智子さまに対する認識そのものが偏っていたためだったといえる気がする。といって、いと子が既成概念にとらわれて、美智子さまを敵視していたかというと、けっしてそうではなかった。

皇太子と美智子さまの結婚を記念する昭和三十四年四月二十六日号の『アサヒグラフ』では「皇室もの作家の御結婚観」を特集している。その中で、当時五十七歳だったいと子も取材を受けていた。

「皇太子さんには〝美智子嬢のお尻にしかれなさい〟と申し上げたい　彼女は気品があるし勿体《もったい》ぶらないし　りっぱなお嬢さんです　皇太子には自分勝手だったり疑い深いところがあるらしいが　こうした欠点も美智子さんのいうとおり素直にきかれたらよくなるのではないか　わたくしは天皇制も外国の王室同様姿を消す運命だと思いますが　魅力のある天皇なら残しておいて　御所の儀式や外人接待の役目をお頼みしたい」と、なんとも歯に衣着《きぬ》せぬ物言いをしている。だが、美智子さまが妃殿下にふさわしくないといった否定的な言葉は一切ない。

ただし、この後に「いまの天皇さまは人間の善意の見本でまれにみる天真らんまんなお人柄は人間の模範　天皇制に咲いた名花ともいうべきものです」と、昭和天皇を絶賛している。昭和天皇に対してと、皇太子に対しての好意の温度差を隠そうともしていない。この温度差こそが、「美智子さま」執筆の際の致命傷となったように感じられる。

このときのいと子の心中はどのようなものだったのか。連載中止の背景を知りたいと思い、いと子の孫である西村淳氏に連絡を取り、会って話を聞くことになった。

「これを読んでいただければと思ってお持ちしました」と言いながら、西村氏は『人生十色』と題する本を渡してくれた。著者は小山いと子。渋い赤茶の絹地で装丁された上製本である。箔《はく》押しのタイトルといい、今の時代には、なかなか見かけない贅沢《ぜいたく》な作りだ。

西村氏は、小山いと子の長女千鶴子（戸籍上は次女だが、長女は夭折《ようせつ》している）の長男にあたる。残念ながら、千鶴子は平成二十六年に他界し、その後は孫の西村氏が版権継承者となり、いと子の遺品なども管理するようになった。西村氏は昭和二十六年生まれの六十八歳。長く海外赴任をした経験を持つ洗練された上品な紳士である。

西村氏は、まだ子どもだったので、祖母がどんな思いで連載中止を受け止めたのかを知る術もなかった。彼が語るいと子の晩年はかなり恵まれた環境である。大正十二年生まれの千鶴子と二歳下の百合子は、結婚して子どもをもうけた後も、母のいと子によく尽くした。千鶴子の夫は商社勤めで、国内での転勤が多かった。しかし、少年時代の西村氏は、しばしば東京・杉並の和泉町にあった祖母の家へ遊びに行った。

それは高台の広大な敷地に、贅を凝らして建てられた屋敷だった。いと子の書斎が京間の十二畳、隣の寝室が八畳である。ここ以外にも軽井沢や伊豆高原に別荘があった。

西村氏が幼いころ、催眠術が流行《はや》ったことがある。いと子はどこかで催眠術を習ってきて、さっそく試したがった。仕方がないので西村氏が相手をした。「ここに寝てみな」とか「手を上げる」とか言うので、かかったふりをして手を上げたりしたら、いと子は大喜びしたという。孫の前では無邪気な祖母だった姿が目に浮かぶ。西村氏は初孫だったためか、あまり怒られた記憶もなく、とても可愛がられた。

## 不遇の結婚生活の中文壇デビュー

だが彼女の没後に、遺族がいと子と親交の深かった主婦の友社から私家版として刊行した『人生十色』には、その壮絶ともいえる生涯が記されている。

編集を手がけたのは、生前のいと子と長い付き合いのあった編集者で、「皇后さま」の連載を担当した深尾恭子だった。いと子は昭和天皇と同じ年に生まれ、奇《く》しくも昭和が終わった半年後にこの世を去った。八十八年の生涯だった。『人生十色』は、晩年の仕事ともいえる、昭和五十七年一月三日から十二月十九日まで、毎日曜日に五十一回にわたって東京新聞に連載した随想を一冊にまとめたものである。巻末には、中島もみ子による懇切な作品論兼年譜が付けられている。

明治三十四年に高知市で県庁の役人の娘（一男三女の次女）として生まれたいと子は、大正八年に福岡の九州高等女学校を卒業した。さらに女子高等師範学校への進学を目指したが、父親の許しを得られず、大正十年に見合い結婚をする。学校の成績は優秀で、とりわけ文学に関心の深かったいと子にとって、この結婚はもともと不本意なものだった。

結婚式の当日に、いと子は初めて夫と顔を合わせた。新潟出身の二十六歳で、大きな製糸工場の現業長（工場長）をしていた。だから、父母は当然、新居は用意されているだろうと信じ切っていた。

「ところが彼は給料は酒と女に使い果たして、既に工場から向こう一年分まで前借りしており、そんな余裕はなかった」

結婚式場から車で二時間ほどかかって着いた新居は、工場事務所の二階だった。その後も、倉庫の一部を区切って無理やり畳を敷いた場所に移ったかと思えば、今度は社宅の四軒長屋に住んだ。数年経って、夫は広島の小さな工場に左遷された。風呂はおろか水道もない家だった。幼い二人の娘を抱えて、いと子は苦労を重ねる。その次に赴任したのは長野県の諏訪だった。三階建ての大邸宅だという夫からの葉書に喜んで行ってみれば、三階建てには違いないが、貧民窟の真ん中に建っていて、塀も垣根も門もない。その上、台所もなければ浴室もなかった。

いと子は何度も離婚を考え、実家の両親にも訴えたが、「我慢せよ、辛抱が足りぬ」と説得されるばかり。夫も頑として応じなかった。その結果、何度も自殺を考えるほど精神的に追い詰められた。

最後の転任地は、同県の須坂だった。一家四人でぐっすり眠っている午前二時に、突然呼び鈴が鳴り、玄関に出てみれば見るからに人相の悪い男たちが五、六人立っている。「旦那のお顔を拝借したい！」と言われて夫を起こすと、顔色を変えてあたふたと洋服に着がえ、男たちに取り囲まれるようにして出て行った。呆然《ぼうぜん》と見つめているいと子に向かって、中の一人が振り返って告げた。

「あんたの旦那はな、マツちゅう女子従業員さんに手をつけて妊娠させただよ。工場のきついご法度じゃからクビだァね。ま、ええとこ、左遷はうけ合うよ。あばよ」

こんな夫について、いと子は「無能、横暴、女ぐるい」と述べ、「十年後に二児を連れてやっと離婚することができた」と書いているが、正式に離婚が成立したのは太平洋戦争が始まる昭和十六年の九月だった。いと子は昭和八年に『婦人公論』の懸賞小説に処女作「海門橋」を応募して当選し、文壇でのデビューを果たしている。この後は着々と作品を発表して筆一本で立つ準備に余念がなかった。

## 封印された作品

戦時中も創作活動は続いた。昭和十七年には従軍記者として林芙美子らとともに南方に派遣された。そこで発病したため、スマトラで二年間を過ごした。その間、十八歳の千鶴子と十五歳の百合子の二人の娘は元夫のところに身を寄せていた。

帰国したいと子は数奇な運命をたどることになる。昭和二十年、まさに終戦を迎えるこの年の一月、四十九歳の元夫のところに、召集令状が届いたのである。出征にあたって元夫は、新潟県の実家の管理をいと子に依頼したのだった。離婚したとはいえ、子どもたちにとっては実の父であり、疎開先も必要だったいと子は、その願いを承諾した。

疎開の準備をして新潟に移動する直前の三月十日、いと子たちは東京大空襲にあう。荷物がすべて焼けてしまった状態で新潟に移り住んだ後に終戦を迎え、元夫は復員。そしてなぜか、いと子は元夫との結婚届を新潟の町役場に提出したのである。あれだけ何度も裏切られ、辛酸を舐《な》めさせられた人となぜ再婚したのか。孫である西村さんにもよく理解できないという。ただし、二人の娘たちと父親との関係は良好であった。また、元夫の実家のある新潟の地方都市をいと子は気に入っていたため、終戦になってもなかなか上京しようとはしなかった。子どもたちの将来を考えての選択だったかもしれない。

昭和二十三年になって徳川夢声からすすめられ、ようやくいと子は東京へ戻る。二年後には直木賞を受賞し、いと子の作家生活は生き生きとした色彩を帯びてくる。そしてふたたび夫と離婚。娘たちも嫁ぎ、いと子はますます執筆に力を入れる。

そんな、順風満帆に見えたいと子の作家としてのキャリアにとって、昭和三十八年の「美智子さま」連載中止は、大きな衝撃を与えた。宮内庁が、連載中止を申し入れたという新聞記事が出たのが三月十二日であり、その十一日後の三月二十三日発売の月刊『平凡』五月号で連載は終了した。

「掲載をやめるのではなく、五月号で終了することになっている」（『人生十色』）と出版社側は発表し、宮内庁の圧力に負けたのではないと強調したが、いずれにしても作者にとっては不本意な成り行きだった。いと子の面子《メンツ》はかろうじて守られたとしても、作品の構成は無理に終わらせられた形になった。「もう、皇室ものはこりごり……」（同）といと子は千鶴子に言ったという。

『皇后さま』を執筆した際は宮内庁の協力を得て、入江相政《すけまさ》侍従長の尽力により両陛下にお目通りもかなった。また、良子皇后の第一皇女だった照宮成子《てるのみやしげこ》内親王とは昵懇《じっこん》の間柄となっただけに、いと子の無念は大きかっただろう。しばらくショックから立ち直れなかったのは、昭和四十六年まで、いと子の小説の発表が途絶えたことからも推測できる。

そして今、平成もいよいよ終わろうとしている時期に、いと子を通して皇室ジャーナリズムを考えてみるのも、意味のあることのように思える。

たとえ皇族とはいえ、そのプライバシーは守られなければならない。しかし、毎週のようにメディアは皇族方の動向やファッションを報じている。その報道においては、結論ありきで伝えられるものへの違和感を覚えることもある。確信に満ちた筆法で天皇、皇后両陛下のお気持ちを断定するものもあり、両陛下と直接に意思の疎通をはかり、さらには代弁もしていると公言するジャーナリストもいる。

日本の社会において、国民が皇室に対して親愛の情を深め、両陛下に惜別の情を覚えるのは美しいことといえる。しかし、国民の情を担保として、一部の皇室ジャーナリストが故意に世論を方向づけるような行動を喚起したら、それは皇室にとって大きなダメージとなるだろう。

小山いと子は、『皇后さま』の執筆時から皇室についての貴重な一次資料を得ることができていた。それらは、従軍記者の経験もあり、『オイルシェール』や『ダム・サイト』といった社会派小説を書いていたいと子にとっては、作家としての「欲」や「業」をかきたてられるようなものだったに違いない。確かに、いと子は執筆対象との距離の取り方を間違えた。丹羽文雄の言うように、「冷静を欠いて」しまったのかもしれない。同時代の作家たちがいと子を擁護しなかった理由も、わからないではない。

しかし、皇室に直結する取材源を信じ、独自の視点で美智子さまを描こうとしたいと子は、その方法論を間違えたものの、作家としての矜持は凜として保っていた。

いと子が驚異的な情報量を注ぎ込んだ作品は、間違いやプライバシーの侵害を指摘された箇所を修正するチャンスも与えられず、永遠に封印された。あれから長い年月が流れ、現代の皇室ジャーナリズムについて思うたびに、自分の好きな方向を見つめて筆を執ったいと子を思い出す。

最後に西村氏に、「美智子さま」について、大幅に手直しをしたら出版はできただろうかと尋ねると、次のような答えが返ってきた。

「でも、今思うと、あれはやっぱり書かなかったほうがよかったかもしれない。けっこう波紋が大きいですよ。もう働き盛りを過ぎて、波風立ててそんなに嬉しいってことはないですよ。本人も本当は続けたいっていうのはあるけれども、半分ではやっぱり、まあ、やめてよかったんじゃないかという気持ちもあったんでしょう」

波紋の大きさを思いやるのは、身内だからこそその言葉だろう。そして皇室をテーマにした作品を書く際の、書き手の覚悟を問うているようにも聞こえたのだった。

# 第六章　陰にいた美のカリスマ

## カリスマ美容家

まだ冬の寒気が、どっしりと日本列島全体に居座っている時季だった。『女性セブン』平成二十六年二月六日号の新聞広告の見出しを目にした人は、いささか奇妙な印象を持ったのではないだろうか。

「皇后美智子さま(79)故田中宥久子さん(享年67)と秘められた『造顔』交流」の文字が並んでいる。

一見しただけでは、何の意味だかわからない人もいたはずだ。「造顔」交流とはいったい何を示すのか。特に男性にとっては馴染みのない言葉だろう。

この前年の三月に、肺がんのためこの世を去った田中宥久子《ゆくこ》は、カリスマ美容家として名を馳せていた。雑誌、テレビなどに登場する、きりりとした表情や、黒で統一したパンツスーツのファッションを記憶している女性は多いはずだ。その彼女が考案したのが造顔マッサージである。

確か平成十二、三年ごろからだったろうか。女性誌や生活情報誌などで、彼女の名前をさかんに見かけるようになった。美のカリスマと呼ばれ、独自の施術を考案した美容家として紹介されていた。

世間を驚かせたのは、そのマッサージの効果の大きさだった。施術前と施術後では、顔に明らかな変化があった。輪郭がくっきりとして、ほうれい線などの皺《しわ》がなくなる。まるで魔法をかけられたように、女性は若々しい小顔になった。

それまでの顔のマッサージは、あくまで優しくゆるやかに肌を撫でるものと決まっていたのだが、宥久子の場合はまったく違っていた。圧力をかけることによって筋肉を強化し、リンパを流す。したがって、かなり痛い。だが、肌は艶やかになり、見た目が十歳は若返る。宥久子が長い歳月を費やして完成させた技術だった。実際に効果があるため、多くの著名人が彼女の顧客となった。平成十九年にはオリジナルの化粧品を開発し、サロンも開いた。自宅でもマッサージができるようにと、ＤＶＤが付いた著作を立て続けに刊行してベストセラーとなった。

その宥久子が六十七年の生涯を閉じたとき、あまりにも急な訃報に、各界の著名人から彼女を惜しむ声が寄せられた。だが、美智子さまもまた、顧客の一人であると知っていたのは、本当に限られた知人だけだった。

ところが一年近くが経過して、『女性セブン』の記事が、実は美智子さまも、皇居で宥久子のマッサージを受けていたと明かした。だから、「秘められた『造顔』交流」というタイトルになったわけだ。

いわゆる女性週刊誌のお約束ともいえる、美智子さまの美しさについての賛美がこの記事の目的であるが、まずは平成二十五年十二月二十三日の八十歳のお誕生日を前に、天皇陛下が記者会見で述べられたお言葉を紹介している。

「天皇という立場にあることは、孤独とも思えるものですが、私は結婚により、私が大切にしたいと思うものを共に大切に思ってくれる伴侶を得ました。皇后が常に私の立場を尊重しつつ寄り添ってくれたことに安らぎを覚え、これまで天皇の役割を果たそうと努力できたことを幸せだったと思っています」

天皇は美智子さまへの深い感謝の気持ちを表明した。なんとも熱く胸にしみいるような愛情が溢れている。このお言葉を、国民は、天皇の感じる幸せと同じほどの温度で、しっかりと受け止めたのではないだろうか。

美智子さまが民間から皇室に嫁がれたのは昭和三十四年の四月のことだ。「気品があり、清楚で知的な美貌を備えられた美智子さまは当時、国民の憧れの的となり、〝ミッチーブーム〟を巻き起こした。それから半世紀以上が経った今も、美智子さまの美しさは、行く先々で人々を魅了してやまない。年齢を重ねられるごとに醸し出されるその美しさ――この美には、あるカリスマ美容家との秘められた交流があった」と『女性セブン』は書き、それから、宥久子の後継者と目されている女性の談話へと移る。彼女は宥久子と美智子さまについて次のように語っている。

「六年ほど前からでしょうか、先生は皇居に招かれて、美智子さまに、〝造顔マッサージ〟を施していたんです。先生が皇居へ上がられる前には、〝美智子さまはマッサージとクリームを楽しみにしていてくださるのよ〟と、いつも嬉しそうに話していたのを、昨日のことのように思い出します」

六年ほど前というと平成二十年ごろであろうか。宥久子の名声は全国に知れ渡り、まさに全盛期といえる時代だった。顧客には黒柳徹子、林真理子、郷ひろみ、安藤優子など、錚々《そうそう》たる文化人らが名を連ねていた。美智子さまが宥久子の施術の評判をご存じだったとしても何の不思議もない。中曽根康弘元総理も宥久子の元を訪れたという話があるくらいで、男性、女性の区別なく、その効果に魅せられて数多《あまた》の著名人が通っていた。

この『女性セブン』の記事を読んであらためて美智子さまの美貌について考えてみると、確かに、老齢に達せられた現在でも写真や映像を拝見するたびに、「ああ、お美しいなあ」といつも感嘆する。

思えば、あの歴史に残る華麗なご成婚パレードから、はや六十年の歳月が流れた。その間に美智子さまに関する書籍もずいぶんとたくさん刊行された。とても数え切れないほどである。写真集からご親蚕《しんさん》、御歌、お言葉、子育て、ファッションなどなど、テーマも多岐にわたる。伝記にいたっては何冊出ているのか見当もつかない。

それらの本のほとんどが美智子さまの美貌に触れている。素通りできない美しさということだろう。

これは明治以降の皇后の中でも際立ったケースといえる。ここで、明治以降の皇后の面差しなどについて振り返ってみたい。

## 三代の皇后

明治天皇の后《きさき》の美子《はるこ》皇后（昭憲皇太后）は、細面ですっきりとした容貌の女性だった。すっと鼻が高くて、明治天皇が皇后を「天狗《てんぐ》さん」というあだ名で呼んだという逸話があるくらいだ。優れた和歌を詠み、洋装もよく似合ったが、晩年の写真はあまり残っていない。子どもに恵まれず、寂しいご生涯だったと書く伝記もある。

大正天皇の后だった節子《さだこ》皇后（貞明《ていめい》皇后）は、非常に頭脳が明晰で、病気がちの天皇を献身的に支えた。皇統を継ぐ男児を四人も立て続けに出産したため、皇后としても人々の尊敬を一身に集めていた。まだ、一般の家庭でもお世継ぎの誕生が重要だった時代だ。まして皇室ともなれば、それが皇太子妃あるいは皇后にとっての最優先課題だった。

聡明で気丈な性格であり、病身の天皇に代わって、あまりに皇后が宮中を取り仕切るのはいかがなものかと批判的な政府の重鎮もいたが、性格はさっぱりとしており、四人の親王が迎えた妃殿下たちは、まるで実の母親のように、節子皇后を慕った。

その節子皇后がまだ九条家の姫だったころの話だ。当時は皇太子だった大正天皇と婚約が決まった際に、歌人の下田歌子が原敬《はらたかし》に語った言葉が『原敬日記』に残されている。

「別段優れたる御長所なきも、又何等の御欠点も之なきに付」、自分が教育している令嬢の中から節子姫を推薦したというのだ。聞きようによっては、ずいぶん失礼な発言だ。しかしまた、確かに節子姫は小柄で色黒で、美人とはいえなかった。元気いっぱいのお転婆《てんば》娘だった。だが、実は容貌よりも、もっと大事な「優れた長所」を備えていた。わずか十五歳で入内《じゅだい》したのだが、非常に大人びた表情からもわかるように、自分がやがて皇后になること、その際に負うべき重責を、すでによく承知していたのである。

そして、不思議なことに、節子皇后は年齢を重ねるとともに、どんどん美しくなっていった。関東大震災の被災者の慰問に率先して訪れるお姿は、気品に満ちていた。誰もがこころに浮かべるのは皇后の気遣いの素晴らしさだった。つまり、内面の美しさがそのお顔に輝きを添えていたといえる。

昭和天皇の后の良子《ながこ》皇后（香淳皇后）の写真は、ほとんどの日本人がどこかで目にしているはずだ。特に戦後になって、昭和天皇とともに、にこやかな笑顔を見せている写真を思い浮かべる人は多いだろう。

娘時代の良子皇后の写真は、息をのむほど高貴である。明治天皇が崩御したときに母宮に連れられてお悔やみに参内した九歳の良子女王が、昭憲皇太后のお目に留まり、まだ十一歳だった皇太子の妃にどうかという話が出た。それが発端となって、後に縁談がまとまった。ご成婚までには紆余曲折があったものの、大正十三年一月二十六日に婚儀が行われた。

正装した良子妃の姿は、まさに生まれながらの皇后陛下だと、国民はため息をついた。それほど品格溢れる美貌だった。

良子皇后は、どちらかというと、おっとりとした性格だったため、中年以降はふくよかな体形になった。戦争中に空襲警報が鳴っても、両陛下が防空壕に避難するのには時間がかかる。たまりかねて、侍従次長の甘露寺受長《おさなが》が「どうぞ急いで退避なさいますように」と直言すると、天皇はやや相好を崩して「うん、実はね、良宮が退避の準備に手間どるものだから」と答えた。それでも甘露寺は「もし、警報が鳴ったとき、皇后さまが裸でいらっしゃいましたら、そのままでもよろしいではございませんか」と、なんとも思い切ったことを言った。しかし、良子皇后は「はい。仰せのとおりに致しましょう」と受け流し、天皇と顔を見合わせてにっこりと笑った。

そういうおおらかな性格なので、戦後の混乱期にも陰で天皇の行動を指図したり、神経質に周囲の様子を調べるといったことは一切なかった。だから、天皇もあの苦難の時代を乗り切れたといえるだろう。

## 造顔マッサージ

そして、美智子さまが皇室に嫁がれ、そのお姿の露出はこれまでと比べものにならないほど増えた。私たちも、テレビのニュースなどでご公務や私的なご活動の様子を拝見する機会は多い。

気がつくのは、美智子さまの変わらぬ美しさだ。背筋をすっと伸ばして、ヒールのある靴をはいて、どんなときでも優しい慈母のような微笑を浮かべておられる。もはや、神々しいとしか形容のしようがない観音菩薩《ぼさつ》のようなお顔だ。

人間の容姿とは、その来し方の歴史や、胸に秘めた思いをすべてにじませているのではないかという気がしてくる。あれだけ気高いお気持ちで、常に国民の幸せを祈ってくださるのだから、国民もまた両陛下の安寧をこころよりお祈りしている。

そのすべてが集約されて、現在の美智子さまの周囲に崇高な空気が漂うのだろう。

ところで、田中宥久子の造顔マッサージのことを美智子さまが知ったのは、いつごろだったのだろうか。どんな経緯で、宥久子の施術を受けるようになったのか。

もともと造顔マッサージとは、宥久子が十五年以上かかって開発した技術である。それが世に知られるようになったのは平成十年代のはじめのことだ。そして、彼女の人生のまさに絶頂期ともいえる平成二十五年の三月に、宥久子は六十七歳で急逝した。

実際に彼女のマッサージを経験した人たちは、今でも口を揃えて、その効果と宥久子の人柄を絶賛する。真摯《しんし》で誠実な女性だったと。だから、美智子さまが施術を受けたとしても、なんら不思議はない。だが、まさか、美智子さまが宥久子のサロンにお出ましになったとは考えられない。では、どこで、どのように施術は行われたのか。

それについて、語ってくれたのは、宥久子の次女である田中聖理《せり》さんだった。

三十代後半の聖理さんは、美しい日本語を話す礼儀正しい女性である。もともと仲の良い親子であり、聖理さんは、仕事の面でも宥久子を支え、また晩年の闘病生活も支えていた。

「黒柳徹子様からのお話はあったみたいなのですが、その前にも、ちょっと定かではないのですが、皇后さまがご興味を持たれていたようで、お調べくださっていたようです」

**施術を受けて**

そして、ある日突然、女官長から宥久子のところに電話があった。もちろん、宥久子の驚きは大きかった。それが平成二十年前後だったのではないかと聖理さんは語る。

御所に来てくださいと言われた。ただ、宥久子は運転免許を持っていなかったので、最初のころは黒柳徹子の運転する車で行った。

「黒柳様はなかなか迷いなく運転をなさるようでした。御所でも、本来だったら手荷物とか持ってはいけないんですけれど、化粧品などがごそっと入った荷物を持って行きました。本当なら点検とかあって、それから『どうぞ』という話なのでしょうけれど、黒柳様もいらっしゃるので、『何も検査も受けないまま入って行って、私、大丈夫だったのかしら』と先生は後で言っていました」

親子であっても宥久子の仕事を助けていた聖理さんは、母親を「先生」と呼ぶ。亡くなった今でも、彼女にとって宥久子は厳然として「先生」であり続けていることがわかる。甘えのないその言葉の響きから、ひたむきに仕事に打ち込んだ宥久子の人柄が浮かび上る。

「黒柳様は慣れておられるのか、『普通にずかずか歩いて行くの、それがすごいと思って』

と感心していました。先生は中に入ったときは、顔には出さないけれど、すごく緊張して歩いていたようです」

黒柳が同行できないときは、途中までタクシーで行き、ある地点で迎えの車が待っているので、それに乗り換えて連れて行ってもらう。

宥久子にとっては、非常に楽しい時間だったらしい。普通では会えない高貴な方と会うだけでも感激するが、なにより、美智子さまが優しく宥久子に接してくれたのに驚いた。

「いつもうかがうのは夜になってからでした。けっこう遅い時間で、美智子さまのご自由になるお時間になってからでした。黒柳様は、こう申し上げると語弊があるかもしれませんが、たとえば会社の面接にいらしても、どんなところでも受かってしまいそうな社交性のある方で、ちょっと羨ましさを感じていたくらいです。ですからいつも一時間という時間の枠があるのですが、どうしても施術の後のお話に花が咲いてしまって、侍従の方とかが『そろそろ』って、お声をかけてくださるのですが、『もうちょっと』『もうちょっと』と皇后さまがおっしゃって、二時間くらいご一緒したらしいです」

宥久子の造顔マッサージは普通のエステのやり方とは違っていた。座ったままで施術を受けるのである。その理由を聖理さんが語ってくれた。

「はい。重力に逆らわないっていうマッサージだったので、筋肉も下に引っ張れば反射で上に上がるから、化粧品を塗るときも、首を塗るときは上から下に塗ります。『上に行ったら筋肉はどこへ行くと思う？』と先生が言うので、『下に行く』と答えると『そうでしょ？』と。筋肉は元ある姿に戻ろうとするゴムと一緒。引っ張り上げれば戻る。上げれば落ちる。だから上から下に塗っていけば上に戻る。筋肉の強化なのだと言っていました」

　雑誌などで見る宥久子の服装は黒のパンツスーツに白のインナーがほとんどである。それは、自分はあくまで裏方の人間だという思いと、テレビや雑誌といったメディアは男社会であり、そこで働くためには女を感じさせるような服装はしたくなかったからだ。したがって、スカートはまず着用しなかったそうだ。皇居へ行くときも、もはや宥久子のトレードマークとなっていた、パンツスーツに黒い帽子だった。

「白いインナーは、お客さまのヘアとメークをやるので、ちゃんと髪を結い上げて鏡を見るときに、バックに色があるとわかりづらいからという理由でした。黒でもわかりづらい。白だとスクリーン代わりになるということで、すごく高い確率で白でした」

　美智子さまもまた、座って施術を受けられたそうだ。どのくらいの時間をかけるものかと尋ねると、三十分もやらないことが多かったという。長くやればやるほど筋肉が疲れてしまうというのが宥久子の持論だった。やり過ぎもよくないのだ。

## 努力の意味を知る

美智子さまの美しさもさることながら、そのお人柄に宥久子は感銘を受けていた。

「女性の方々が美智子さまが好きっていうのがわかるような方だった」と語り、さらに、「女性もこういうふうな方だったら、この世の中、見栄の張り合いもないでしょう。妙に自分のほうが上なのにとか、下なのにとかいうのがなくて」と思ったそうだ。

聖理さんが、一緒に御所をお訪ねしたことは一度もない。

「今日、行ってくる」「行ってらっしゃい」「戻ってきたら電話する」「待ってます」といった会話を親子で交わした。

御所から帰ってきた宥久子は娘に自分の思いを率直に伝えた。

「皇后さまに出していただいたスープがすごく美味《おい》しかったとか、ご馳走になった軽食を持って帰りたかったとか、『すごい』『さすが』って言って、『絶対、もう、めったに食べられないようなっていうぐらい美味しかった』って。夜ですから、本当に軽食なんですが」

美智子さまのまごころがこもった気遣いに宥久子は感謝していた。

「もう、本当に嫌みのない、テレビで拝見するまんまのお方だと、いつも言っていました。ああなりたいけど無理ね、誰でも無理ねって。もう完璧な方ですから」

それは、どこか宥久子の生き方と底辺で通じていたようだ。聖理さんも、自分の「先生」が仕事に関しては完璧な人であると知っていた。そして母が娘に語っていたのは、「誰かがやらなければいけないのが仕事。それを自分がやれるんだったら、やる。でも、こんなにやったのにって言うのはおかしい。やれる仕事は何だろうとまず考える。ちょっとずつやれる仕事を増やす。完璧じゃなくてもやれるように努力する」。

つまり、できないと思ってしまったら終わりだが、やらなきゃいけないんだと思えば、なんとか自分に合ったものを見つけられるということだろう。「物事をちゃんと横にも縦にも考えなさい」という「先生」の教えを、聖理さんは、今になると言ってもらってよかったとつくづく思っている。この言葉は努力の意味を知っているからこそ発せられたのだろう。そしてまた美智子さまも努力の人であり、宥久子とは相通ずるものがあったのだろう。

宥久子が皇居へ通ったのは月に一回だったり、二カ月に一回だったりした。頻繁ではないが、「すごくお話も楽しかったの」「普段なかなかお会いできない方にお会いするなんて大変なことよね」と宥久子はいつも喜んでいた。

美智子さまに化粧品を差し上げることは許されないので、施術に使用したものは必ず持ち帰ってきた。とにかく、美智子さまに喜んでいただくことが宥久子の望みだったので、誰かにそれを喋ってはいけないと固く信じていた。実際、誰にも話さなかった。すると、しばらくして、聖理さんは思いがけない言葉を「先生」から聞いた。

「美智子さまがおっしゃったそうです。『あのね、私、最近、いろいろな方々に田中宥久子さんとお会いすることがあるのよって言ってるの。だから言ってね』っておっしゃっていただいたんです。でも、言えるわけないわよって。多分自分は死ぬまで言わない、そんな一言を言われたなんて死ぬまで言わないって」

それを今回、聖理さんが語ってくれたのは、宥久子が亡くなって、もうずいぶん時間が経ったからだった。聖理さんは葬儀の際は喪主を務めたが、その後は母親の仕事を継いだりはしなかった。親の名声に頼らず自分の人生を生きている。姉もまた後継者にはならず、宥久子亡き後、一世を風靡《ふうび》したサロンはもはや存在しない。だからこそ美智子さまとのエピソードも胸襟を開いて語ってくれたのだろう。皇后さまのお名前を宣伝に使うようなことを宥久子は潔しとしない人だった。

二人の娘をもうけた後、宥久子は離婚している。それでも、子どもたちは別れた父と母の家にそれぞれ何年かずつ同居したという。宥久子の病気が判明してからは、一家全員で食事をすることもあった。別れたとはいえ、家族としての愛情と節度を持った付き合いのできる、知的なカップルだった。

平成二十五年五月七日号の『婦人公論』に、宥久子の顧客であり、また個人的にも親しかった作家の林真理子が秀逸な追悼文を寄せている。

「とにかく女っぷりのいい人であった。（中略）『女の人を綺麗にするのが大好き』というのが口癖で、本当に精魂込めて施術をしてくれた。ゴッドハンドと名高いあの手の温かさ、力強さ……。肌にぴたと張りついて、筋肉ごと引き上げてくれた」

生前の宥久子の姿が彷彿《ほうふつ》とする描写である。

美智子さまの美しさについて、あらためてここで語る必要などないだろう。だが、田中宥久子という稀有な才能と、平成という時代にひときわ明るい陽射しを与えてくれた美智子さまとの出会いが、美しい皇后像をさらに輝かせたのであれば、これは奇蹟の組み合わせとしかいいようがない。

女性の美しさの真贋《しんがん》は、まさに五十歳を過ぎてから明瞭になる。生まれつき親からもらった顔に、人生の数々の軌跡が刻まれて初めて、自分の美しさを手に入れたといえるのだ。美智子さまも宥久子も、その人生はまったく異なる。だが、ほんの数年だけ、この二人の女性の思いが交差した時間があったとしたら、なんとも夢のような遭遇だった。

宥久子が他界して間もなく、美智子さまは聖理さんにお悔やみの電話をかけられたという。優しいお言葉の数々を頂戴したのに、緊張のあまり、明確には憶《おぼ》えていないと語った聖理さんの笑顔は、天上の宥久子の思いを代弁しているかのように幸せそうだった。

# 第七章　美智子さまを象徴する二つのキーワード

## 「プレジデント」に選ばれた才媛

昭和三十三年十一月二十七日に、皇太子と美智子さまの婚約が発表された。あらためて、当時の新聞や雑誌に載った記事を読み返してみると、二つのキーワードが浮かぶ。一つは「聖心女子大」であり、もう一つは「テニス」である。

皇太子と美智子さまが、静かにお互いの気持ちを確認しつつ、佳き日を迎えられた経過を、マスコミはこぞって報じた。その中でも、お妃に選ばれた正田美智子さんという女性は、どんな人なのだろうという興味が一番強かったのがわかる。

公式発表までは、お妃候補に挙がっている女性たちの実名報道を控えるという協定が、宮内記者会で結ばれていた。しかし、同年十一月十六日に発売された『週刊明星』にはその名が載っていた。

「内定した⁉　皇太子妃　その人 正田美智子さんの素顔」というタイトルだから、雑誌は宮内記者会に所属していないとはいえ、これは明確な掟《おきて》破りだ。あえて実名を掲載した理由を、記事のリードの部分で次のように説明している。

「〝ニューズ・ウィーク〟の十一月十日号が、『皇太子妃は皇太子自身の選択によって、ある実業家の娘にきまった』と報じた。これが事実だとすれば、（中略）大部分の国民は、皮肉にも外国の週刊誌から〝世紀のニュース〟の第一報を受けとったことになる。さらに、未確認情報によれば、十一月七日夜のＡＰ東京は、その娘の名を全世界に打電した。そのひとの名は、正田美智子――。では、一躍世界的なフットライトを浴びたこのお嬢さんを、ここにクローズアップしてみよう」

理屈としては、外電に出し抜かれるよりは、日本の雑誌で先に実名を発表してしまおうということである。しかしこの記事が出たために、報道陣がどっと正田邸に押し寄せる事態となり、ルール違反によってクローズアップされた「お嬢さん」は大変な喧騒《けんそう》に巻き込まれた。

『週刊明星』の記事の最初の中見出しには「テニスコートでの出会い」とある。今ではあまりにも有名な、皇太子と美智子さまのテニスの試合にまつわるエピソードだ。舞台は軽井沢のテニスコート。ようやく終戦の荒廃から立ち上がった一般の国民にとっては、「軽井沢」も「テニス」もまだまだ遠い存在だった。いわば上流階級の夏を象徴するような響きもあり、婚約発表後の記事は何度も、しつこいほど、この劇的な出会いについて触れていた。それだけ読者の憧れを煽《あお》ったともいえる。

美智子さまが旧皇族や旧華族ではなく、実業家の家庭に生まれたこともまた人々の興味の対象となった。正田家はきわめて由緒正しい、非の打ち所のない家系だった。ふたたび『週刊明星』の記事に戻ると、「家風が生んだ〝芸術品〟」という中見出し（これはもちろん、美智子さまを指した言葉だ）で、正田家の一族がいかに優秀かを紹介し、次は「輝けるプレジデント」と続く。

「大学四年間を通じて学年委員長をつとめた美智子さんは、最終学年のときはプレジデント（自治委員会会長）に選ばれたが毎週一回昼休みに開かれる自治会で、四百名の会員を前にして一時間あまり英語のスピーチをやるときの彼女は、今でも学友たちの間で語り草になっている」

それほど美しい英語で、歯切れの良いスピーチをしたのだった。

さて、繰り返しになるが、この記事が出たのは昭和三十三年の十一月である。終戦から十三年しか経過していなかった。いったいどれだけの日本人が、美智子さまの出身校である聖心女子大についての正確な知識を持っていただろうか。そう考えると、「プレジデント」の意味も、英語でスピーチをする女子大生の姿も、どこか現実味が欠如したように感じただろう。それでも、これほどの才媛が卒業した学校の名前は、しっかりと人々の脳裏に刻まれた。

今のように、語学に堪能な帰国子女などが珍しくない時代とは違う。気軽に海外へ観光旅行にすら行けなかった。自民党の政治家、藤山愛一郎、田中角栄、河野一郎などが、その子女を次々とアメリカに私費留学させて話題となったが、それとて昭和三十五年くらいからだった。聖心は、語学教育が徹底していて、大変な上流階級のお嬢様たちが通うところらしいという認識が全国津々浦々に広まった。

『週刊明星』の取材に対しては、聖心女子大学長であるマザー・ブリットが丁寧に応じている。編集部は、マザーという称号で呼ぶことを知らなかったらしく、「エリザベス・ブリットさん」と書いた。

プレジデントになってからの美智子さまは「全学生と学校側のとりなしやクラブ活動の健全な運営のためにとびまわり、かなり多忙な毎日だったようですが、すべての事を実にテキパキと上手に処理してきました」という言葉を引き出している。

東京・芝白金の三光町に約三万坪の土地を購入し、明治四十二年の三月に赤レンガ造り三階建ての新校舎を落成させた聖心だったが、大学の設置は昭和二十三年になってからである。美智子さまは中等部から在籍し、昭和二十八年四月に大学の外国文学科に入学した。

ちなみに、同級生には三谷隆信侍従長の三女・正子（後に日産コンツェルン創業者である鮎川義介の長男・弥一と結婚）や、トヨタ自動車社長夫人となる清水絢子など錚々《そうそう》たる顔ぶれの令嬢ばかりだった。

その聖心について、美智子さまより学年は下だが、初等科からの十二年間在籍した一人の女性に思い出を語ってもらった。彼女が入学したときは、美智子さまの在学中から校長だったマザー吉川がいた。彼女によると聖心の校風は、戦前、戦中も変わらなかったのだが、戦後になって非常に大きな変化があった。

「だから、私が入学したころは、とにかく昔の雰囲気がそのまま冷凍保存されていたのね。でも、やがて昭和三十七年くらいかな、『第二バチカン公会議』というのが開かれて、それはものすごく革命的な公会議で。何が革命的かっていうと、ようするにインターナショナル化っていうんでしょうか、それぞれの国の文化をある程度取り入れて、『もうラテン語でミサをするのをやめて日本語でミサをしましょう』とか、修道女も、それまではずっと中世以来の同じ生活を続けて来たんだけど、その生活なんかも、もうちょっと簡略化しようということになって」

**「平成流」の原点**

それ以前の修道女は「普通」とは一線を画す生活をするのが当たり前であり、生徒たちもそういうものと受け入れていたのだった。

「たとえば一緒に遠足にもいらっしゃるんだけど、お食事をしているところは絶対にみんなの前で見せないで、バスの中で全部カーテンを閉めて、召し上がっているのかどうかもよくわからないのだけど、とにかく人前で世俗の雰囲気を極力出さないようにしてらした。だからディグニティ（威厳）がおありになって、その辺のところはちょっと美智子さまのお立場と似ているかもしれない。

それから、とにかく行事が多くて。初等科には週一回『お札《ふだ》』という儀式があって、『百合の行列』っていうのも十二月八日にあって、もちろん復活祭の前もいろいろあったしね。美智子さまは中等科からですが、すぐにそうした行事にアジャストされたようにお見受けするの。だから、宮中のさまざまな儀式にも馴染まれたのではないかしら」

「バチカン公会議」とは、バチカン宮殿で開かれた、カトリック教会の世界教会会議のこと。「第二バチカン公会議」は、教会の現代化について議論され、その方向づけがなされた画期的な会議であった。「第二バチカン公会議」の後で、作法や様式が目まぐるしく変わっていったことに驚いたのだという。

「まず、服装については、ハビット（修道服）が変わっちゃうということにびっくり。聖心会のハビットっていうのは、お髪《ぐし》を短くしておられたと思うのだけど、額のところに黒い布を巻いてらして、それを結んでから白いボンネット（帽子）をかぶってらっしゃって、その上に黒のベールをしているの。戦前はね、日本でなんかちゃんとお洗濯とかアイロンがうまくかけられないから、いちいち香港の聖心に洗濯に出していたんですって。お顔がそんなに見えないようになっていて、たとえばスープを召し上がるときも横からスプーンでは無理だから、真正面からスプーンを縦にしてお口に入れて召し上がるの。でも、それが間もなく簡略化されたハビットになって、もうその後は平服になった。とにかく儀式的なものは、一つボタンが外れたら、ダダダダダッと崩れたという感じね」

また、以前はマザーとシスターの格の違いがはっきりしていたという。マザーはお祈りをしたり、歌を歌ったり、聖心会では教育をする役割だった。一方シスターの役割は、いわゆる労働奉仕。

「でも、その第二バチカン公会議の後は、全員をシスターって呼ぶようになったから、その格の差っていうのもなくなっちゃったんですけど。

昔はお廊下とかお手洗いのお掃除をしているのはシスター。聖心の中って大理石でできていて、いつもシスターがラッカーで磨いていらした。そういう労働はシスターなの。マザーになるためには、修道院に入るときにこう持参金みたいな、何百万か何千万か知りませんが持って入る。で、シスターの方は持たないで入って、もっぱら労働奉仕をなさった。もちろん、第二バチカン公会議の前のことだけど。もしも、昔の聖心の雰囲気を知りたかったら、曽野綾子さんの『不在の部屋』を読めばよくおわかりになると思う」
彼女の懇切な解説を聞かせてもらって初めて、美智子さまが聖心に在学されたころと現在ではずいぶんと違った空気が学内に流れているのがわかった。早い話が、マザーは裕福な家の娘たちで、シスターは貧しいけれど、神に仕えたい娘たちだったので、その仕事は厳然として違っていた。そして、聖心の場合、学校があれば必ず一緒に修道院があり、日常的に修道女の生活を見る環境にあった。それはこの世で最も厳しく律せられた世界だった。

それでは、曽野綾子の『不在の部屋』を見てみよう。上下巻からなる長編小説で、昭和五十一年から五十三年にかけて『文學界』に連載され、同五十四年四月に単行本として刊行された。同五十八年に文庫化されている。この文庫本の解説は、上智大学教授だった故渡部昇一の手によるものである。

主人公は実業家の娘・多枝子で、カトリックの学校に通い、洗礼を受け修道院に入る選択をした。その彼女の目に映る第二バチカン公会議の前と後の変化が、数々の美しい比喩を駆使して緻密に描かれている。

渡部昇一の解説には次のような指摘がある。

「『不在の部屋』は何百年に一度というカトリック教会内の大改革をテーマにしたものである。聖心女子大学を連想せしめる厳格な女子修道会が、第二ヴァチカン公会議の結果どのように変ってゆくか」

ここで渡部が述べたかったのは、かつて世俗の合理性からはかけ離れた儀式や典礼を重んじたカトリックの世界が、形式をなくしたときに本質も変わってしまったということだった。仏教の世界でも、昨今では葬儀の簡略化が進み、墓じまいをする人が増えている。渡部がカトリックに抱いていた懸念は、他の宗教にもあてはまるといえよう。

だが、次の文章で、渡部は一条の光を残している。

「しかしカトリック教会二千年の歴史の中で、これで終りかと思う衰退や頽廃が現われたのは今回が最初ではない。そういう時はいつも新しい芽が別のところから出てきていた」

世の中は常にたゆたう大河のように変わり続けている。戦後になって、昭和天皇が象徴と位置づけられたときから、皇室は変革を迫られてきた。その変革の流れを引き継いだ両陛下は、「平成流」と呼ばれる皇室のあり方を築き上げた。そして、美智子さまが学んだ聖心という学校は、カトリックの劇的な変革を経て今に至っている。変革という言葉は、美智子さまの歩みにとって大きな意味を持つ言葉なのではないかと推察する。

遠い昔、天平元（七二九）年に、初めて皇族ではなく藤原家から立后《りっこう》した光明皇后は、悲田院を造り、貧しく病弱な人々にこころを寄せた。美智子さまの福祉に対する思いも、光明皇后の時代から連綿として受け継がれている皇室の伝統であろう。

**第二のキーワード「テニス」**

聖心女子大では、卒業する学生のために、下級生が歌を作詞・作曲して、その門出を祝福するのが慣例だった。これとは別に、卒業する美智子さまには英語の詩も贈られた。

「謙譲にしてすべてにこころやさしくたれしもの胸に感銘をあたえた。彼女はただテニス・コートだけの女王ではなく、大学精神を体現する指導者でもあった」

短いこの一節には、美智子さまの学生時代の姿が的確に凝縮されている。テニスの腕前は、皆が認める「女王」だったのだろう。

昭和三十三年に刊行された『聖心女子学院創立五十年史』によると、同校の中等科、高等科に聖心テニスクラブが創設されたのは昭和三十年だった。この翌年には、テニス連盟に加入し、公式試合にも出場するようになる。すでにテニスの素養のある部員がたくさんいたにちがいない。この年の関東高校選手権大会で、「シングルスでは小林が決勝戦に於いて惜しくもベテラン学習院の遠藤に敗れて第二位となった」とある。しかし、翌三十二年には関東庭球選手権大会のガールス＝シングルスで、「高一の鈴木紀子が学習院の馬場を敗《ママ》り輝く優勝をとげ」て雪辱を果たしている。三十三年は、残念ながら「ライバル学習院と顔を合わせ大いに力戦したが、遂に勝をゆずることになった」とのこと。昔からのライバルが学習院というところは、なかなか興味深い。

美智子さまが、聖心女子大に進学したのは昭和二十八年であり、卒業が昭和三十二年である。テニス部に所属し、昭和三十年春には関東連合選手権ダブルスで二位、同年秋の学生、社会人を含むトーナメントで優勝し、関東学生ランキング四位という成績を残していた。

テニスは古くから皇族に親しまれたスポーツでもあった。学習院のテニス部は明治三十五年に創設され、大正十一年に始まった関東女子選手権では、女子学習院の柳谷澄子が優勝している。ロイヤルスポーツとして広く知られ、戦前から良子《ながこ》皇后をはじめ、多くの妃殿下方も楽しまれた。テニスとゴルフは、まさに限られた人々の優雅なスポーツと目された時代だった。

### 聖心対学習院

聖心のテニス部を隆盛に導いたのは、全日本選手権のダブルスの優勝者だった井上早苗コーチの功績だといわれる。井上は戦前から戦後にかけて日本の女子テニスを牽引《けんいん》した伝説的な名選手である。コーチとしても優れた能力を発揮した。

その井上に才能を見いだされ、聖心の中等部からテニスの指導を受けた女性がいる。清和大法学部の教授である佐伯康子《さえきやすこ》さんだ。昭和三十年生まれで、現在もプロのテニスプレーヤーとして活躍している。彼女が中学に進学するころに、両親が井上と親しくしていた。「お嬢ちゃんは私が面倒を見るから聖心、受けなさいよ」と井上にすすめられ、受験したという。おそらく康子さんの天分は小学生のころから明らかだったのだろう。中等部に入学した途端に、井上から「あなたは高等部で練習しなさい」と言われた。すでに康子さんのテニスの実力を見抜いての言葉だった。いきなり高校生を相手に練習をする新入生の康子さんに対して、聖心の学生はやっかみなどまったく示さなかった。「あ、そうなの」とあっさり認めて、意地悪をされた記憶もない。

ときには校長が康子さんの父親の土橋信夫と一緒に試合を応援してくれることもあり、いたってのどかな空気が学内には流れていた。

「ざっくばらんっていうんでしょうかね。私はいい目にあっちゃったから思うのかもしれないけど、あの学校の良さっていうのは、本当に、一人一人の事情を見て、『この子はこうやれば伸びる』って判断して、そこのところはとても手厚いです」

康子さんが入部した昭和四十三年当時、皇太子と美智子さまの「軽井沢のロマンス」は伝説のように語られていた。しかし、それを康子さんが特に意識したことは一度もなかったという。だが、後に慶應義塾大に進学して初めて、テニスと聖心に深い縁のある人物の存在に気づいた。その名は後述するとして、聖心ではテニス部のキャプテンを務め、高校三年生のときに関東ジュニア選手権、関東高等学校ジュニア大会の両方のトーナメントで優勝した康子さんのもとに、慶應の庭球部がスカウトに来た。

余談になるが、高校時代の康子さんが、トーナメントの対戦相手として、よく顔を合わせたのが、学習院の佐藤直子（元プロテニスプレーヤー）だった。つまり、聖心対学習院のライバル関係はその後も続いていたといえよう。

康子さんは、当時、すでに聖心女子大への進学を決めていたので、慶應のスカウトは一度断った。しかし、父親もかつては慶應の庭球部に所属しており、北海道拓殖銀行に就職し、全銀行のテニスプレーヤーが参加するインターバンクテニス大会では三年連続で優勝している。さらに、毎日テニス選手権でも六十五歳以上の部のダブルスや七十歳以上の部のダブルスで何度も優勝を飾ったほどの著名なプレーヤーである。当然ながら慶應の庭球部にとっては誇りとする先輩だった。その娘さんなのだから、ぜひ来てくれと強く請われて気持ちが変わった。それから受験勉強に打ち込み、慶應の政治学科に入学した。慶應も将来性のある選手を探すのに熱心だったのである。

「なんとなく美智子さまとテニスの関わりを意識したのは、私は慶應の庭球部に入ってからなんです。あの庭球部は小泉信三先生が作ってね。先生に対する思いは今の庭球部の人たちも変わっていないし、私の強い尊敬の気持ちもまったく変わっていません」

小泉信三といえば、天皇陛下の皇太子時代に、東宮御教育常時参与として仕え、特に美智子さまとの婚約の際には、各方面にわたって調整役を務め、獅子奮迅の働きをした人物である。娘たちを聖心に通わせており、聖心とも縁が深い。一般の人たちは、小泉信三の名前を、その当時のご婚約報道で知った。だが、その小泉が少年時代から親しんだのがテニスであり、ありったけの情熱を傾けて慶應の庭球部を育てたという話は、あまり知られていない。

康子さんの回想によると、小泉が皇太子夫妻の縁結びのような役割を果たしたこと、それにテニスが関わっていたことに対して、慶應の庭球部の部員たちは、とても強い誇りを感じていたのだそうだ。

## 小泉信三とテニス

あらためて小泉信三について簡単に紹介しておきたい。平成二十六年に刊行された神吉創二著『伝記 小泉信三』は、小泉と庭球部との関係を丁寧に記した本であり、その視線が新鮮でもあり貴重でもある。

同書によると明治二十一年生まれの小泉は幼いころに父親を亡くした。その後、慶應義塾の創立者である福沢諭吉の家に引き取られた。父親が慶應義塾の塾長だったので、小泉と慶應の縁は深かった。小学校を卒業後、慶應普通部に入学し、明治三十五年に庭球部に入部した。後年になって「練習は不可能を可能にする」という名言を残したが、これは少年時代の猛烈な練習から生まれた言葉だった。さらに彼の「天才とは異常の努力をなしうる人だ」という持論もまた、テニスと不可分ではない。

日本人にしては珍しい彫りの深い整った顔立ちで上背もある小泉は、他の追従を許さないスター選手となった。その一方で学業にも励み、大学を首席で卒業している。すぐに慶應義塾の教員となり、二年後の大正元年には大学からイギリス、フランス、ドイツへの留学を命じられた。そこで初めてテニスの四大大会の一つであるウィンブルドン選手権を観戦し、レベルの高さに驚かされる。しかも、日本では軟式が主流だったのだが、諸外国では硬式が当然だった。ロンドンでもベルリンでも、小泉はテニスの練習をした。帰国後には硬式の球を使ってのテニスを普及させ、日本の近代テニスの礎を築いた。

大正五年に、三年半にわたる留学を終えて帰朝した小泉は、二十八歳という若さで母校の教授に就任している。そして大正十一年からは庭球部の部長を務めた。まだ三十四歳の若き部長は、選手とともに「打倒早稲田」を目指し、選手たちを奨励した。やがて庭球部は早稲田に連戦連勝するようになり、「庭球王国慶應」と呼ばれるまでに成長した。

四十五歳で塾長となり、昭和二十二年に五十八歳で塾長を退任した小泉は、数々の役職を固辞して皇太子の御教育参与となった。

学習院の中等科二年に在学していた皇太子がテニスを始めたのはこの年だった。コーチは慶應庭球部出身の石井小一郎である。この辺から、小泉を中心にして、テニスのプレーヤーと皇室の絆が強く結ばれるようになった。それが皇太子妃の決定にも関係したのであるから、庭球部の矜持と歓喜はいかばかりだったろうと想像できる。

慶應義塾大に進学した康子さんも、日を経るにしたがって、庭球部員たちの小泉に対する熱い思いを知るようになった。大学卒業後も国際政治の研究を続けていた康子さんは、ある日、神谷不二教授（国際政治学者）に皇太子夫妻とのテニスに同行してほしいと頼まれた。神谷教授は、皇太子も美智子さまもテニスにかけてはかなりの腕前だと知っていたので、すでに庭球部で名を馳せていた康子さんを誘ったものと思われる。康子さんが二十四歳か二十五歳のころというから、もう三十五年以上は昔のことだ。

東宮御所のコートで、皇太子夫妻と神谷教授、康子さんの組が試合をした。ダブルスの場合は前衛と後衛に分かれる。美智子さまは前衛で、皇太子は後衛だった。康子さんは後衛で、神谷教授が前でもっぱら打ち込む。

「美智子さまは前で、チャンスボールがあると出ていらっしゃる。ここぞというときにパーンとお決めになる。とても思い切りの良い方という印象でした。私は後ろでラリーして、球をつなげてつなげて、神谷先生はそれほどお上手ではないので、なんでそこで出るんですかって言いたくなるんですけど（笑）。もちろん言いませんけど、パーンって先生が出てもミスなさることがあって、『康子さん、ごめんなさい』とか、『康子さん、すまん』とか必ずおっしゃいますけどね」

四セットプレーをした結果は二対二だった。プロの康子さんをもってしても、皇太子夫妻と引き分けだった。よほど神谷教授がミスをしたのか、皇太子夫妻の腕前が上手《うわて》だったのか、どちらかはわからない。

「もちろん、美智子さまも失敗なさることはおありですけど、皇太子さま、今の天皇陛下が『あ、ドンマイ、ドンマイ』とおっしゃって、美智子さまは微笑《ほほえ》まれて、ほんとうに上品で、毅然《きぜん》としておられて、そこがすごく魅力的でした。皇太子さまは、やはり慶應の庭球部のコーチから習われただけあって、テニスがステディー（安定感がある）でお上手です。とってもいいチームワークでいらっしゃいましたね」

## テニスあっての世紀のロマンス

試合後にはスープなどをご馳走《ちそう》になって東宮御所を辞した。康子さんは、「美智子さまとテニスって、やはり小泉先生を抜きにしては考えられない」とつくづく思ったそうだ。直接に結びつくわけではないが、小泉信三のテニスに対する熱烈な思い入れがあって、軽井沢での世紀のロマンスは成就したのではないか。あくまでもフェアプレーにこだわった小泉である。美智子さまの潔いテニスへの姿勢が皇太子の胸を打ち、小泉もまたそこに共鳴したと考えるのは不自然だろうか。スポーツとは、時に雄弁にそのプレーヤーの人間的な本質を語る。また、危機に立たされた人間が、スポーツで培った身体感覚で生き延びる例は枚挙にいとまがない。

現在は、テニスは特別な階級の人たちのスポーツではなくなった。さらに、聖心も学習院も早稲田も慶應も、それぞれの校風は大きく変化している。互いに切磋琢磨《せっさたくま》する精神が皆無になったとは思えないが、ライバル意識などはかつてとは比べものにならぬほど低下し、どこか冷めた空気が満ちている。

慶應義塾に体育会が創設されたのは明治二十五年だった。「先ず獣身を成して後に人心を養う」という考えだった福沢諭吉は、学生たちに文武両道を求めた。その福沢の精神を体現したのが小泉信三だった。

小泉とテニス、そして美智子さまとの因縁が、まるで輪のようにめぐっていたことを記憶している康子さんは、ご成婚ロマンスの貴重な証人といえるだろう。

# 第八章　「初めて」に向き合い変革の時代を生きる

## 皇室の「新しい風」

平成という時代の終焉《しゅうえん》がいよいよ近づいている。

平成三十年十一月三十日に、秋篠宮の誕生日前会見があった。それは、まさに新しい御《み》代《よ》の到来を予想させる内容だった。

大嘗祭《だいじょうさい》という言葉について、私たち一般国民は、それほど深い理解があるわけではない。しかし、来るべき新天皇の即位に際して行われる、さまざまな儀式の一つであるとの認識は持っている。前回、天皇が即位するにあたっては二十二億円もの費用がかかったという。

したがって、次のような秋篠宮の発言は、それを踏まえた上でのことだったのだろう。

「大嘗祭自体は私は絶対にすべきものだと思います。ただ、そのできる範囲で、言ってみれば身の丈にあった儀式にすれば。（中略）そういう形で行うのが本来の姿ではないかなと思います（後略）」

その理由として、大嘗祭は宗教色が強いので、それを国費で賄うのが適当かどうか。宗教行事と憲法との関係を考えた場合、これは内廷会計で行うべきではないかという趣旨の意見を述べた。さらに、このことを宮内庁長官などに言ったが「聞く耳を持たなかった」

のが残念だったと語った。

　かなり厳しい批判とも受け取れる発言だった。現に、宮内庁次長は「宮内庁に対する叱責と受け止めている」と述べている。実のところ、国家予算か内廷会計か、どちらで賄うかという問題を考える以前に、これから新たに皇嗣《こうし》という立場に就く予定の秋篠宮が、自身の意見や宮内庁あるいは政府に対する不満を、ここまで率直に示した事実への驚きが大きかった。

　しかし、思い起こせば平成二十八年八月に、天皇陛下はテレビを通してのビデオメッセージで、生前退位の希望を語った。その中には、これまでのしきたりとして、天皇崩御の後に「重い殯《もがり》の行事が連日ほぼ二ヶ月にわたって続き、その後喪儀《そうぎ》に関連する行事が、一年間続きます」として、そうした行事と、新時代に関わる行事が同時進行になるので、関係者の負担や、特に残される家族が「非常に厳しい状況下に置かれざるを得」ない。だから、「こうした事態を避けることは出来ないものだろうかとの思いが、胸に去来する」ことがあると語った。

　これもまた、今まで続いて来た皇室の儀式の継続に対する疑問だったと解釈できる。その意味では秋篠宮の大嘗祭の規模に関する問題提起と、底辺で共通している新しい皇室の風のようにも思われる。

## 近代皇室の皇后像

こうした陛下や秋篠宮のご発言への賛否はさておき、新たな御代では、皇族が自らの意見をメディアを通してはっきりと発信することになるという予感が十分に現実味を帯びてきたといえそうだ。

それは今の天皇、皇后両陛下が取り組んできた皇室の改革と無関係ではないだろう。しかしまた、こうも考えられないか。明治維新以降、実は皇室は常に変転を続けてきた。なにも平成に限ったことではない。

そして、その維新以降の改革や変転は、もちろん国際社会の潮流、時の政権、天皇の意向などに強く影響されたが、同時に皇后の努力や采配もあったはずだ。皇后に対する国民の尊敬や憧憬《しょうけい》の念は、天皇に対するそれに劣るものではなかった。

そこであらためて、明治維新以降の四代の皇后たちが、目前の課題にどのように取り組み、皇室の近代化に尽力してきたかを振り返ってみるのも、あながち無駄な作業ではないだろう。

美智子さまは初めて民間から嫁がれた皇太子妃ということで、ご成婚当時から現在に至るまで、メディアの報道はしばしばこの点に触れる。だが、考えてみると、「初めて」という副詞は、平成の皇后にのみつけられるわけではない。歴代の皇后が、何らかの「初めて」を体現して輿《こし》入れし、その地位に見合った行動をした。

よほど皇室に興味のある人や研究者は別だが、私たちが天皇陛下という言葉を聞いて具体的な肖像が思い浮かぶのは、明治天皇からであろう。同じく、皇后に関しても明治天皇の后《きさき》だった昭憲皇太后より以前の皇后はあまり馴染みがない。洋装の昭憲皇太后の写真を見た記憶がある人は、多いのではないだろうか。

細身の小柄な女性であるが、優雅にドレスを着こなしている印象が強い。その裏には、初めて京都から東京に移り住んだ皇后としての懸命な努力があった。

千年以上にわたって京都に住み続けた皇族や公卿《くぎょう》たちが東京へと移ったのは、明治維新以後である。その意味では、近代皇室における初めての皇后ともいえた。そして明治、大正、昭和、平成の四代の皇后の中で唯一、京都生まれで京都育ちだった。

嘉永二（一八四九）年に一条忠香《ただか》の三女として生まれたが、正室の子女ではなかった。生母は上臈《じょうろう》（身分の高い女官）の新畑民子《にいはたたみこ》である。

小田部雄次の『昭憲皇太后・貞明皇后』によると、江戸幕府は公卿の中でも、近衛、九条、二条、鷹司《たかつかさ》、一条の、いわゆる五摂家を朝廷統制のために優遇した。宮中の席次でも五摂家は宮家よりも上位に置かれるほどだった。さらに、天皇の后は五摂家から迎えられるケースが多かった。したがって、一条家出身の昭憲皇太后は「将来、天皇の正室になる可能性を生まれながらに有していた一人であった」（同書）という。

その基準とは、家柄とともに、十歳下から五歳上というのが「おおむねの目安であった」らしい。つまり年上でもかまわない。実際、十九歳（数え）で入内《じゅだい》することが内定した昭憲皇太后は、明治天皇より三歳年長だった。

余談だが、一条家の当主・実良《さねよし》の孫娘と、戦後になって結婚したのが、美智子さまの大叔父である正田文右衛門。したがって、正田家と皇室は姻戚関係にあると、前出の小田部の著書には記されている。

明治二年に明治天皇と皇后が東京へ移り住み、近代皇室の歴史が始まった。外国へ門戸を開き、急速な文明開化を進める日本にあって、皇后の役割もこれまでとは、まったく異なるものとなった。なにより人前に出ることなど明治以前には考えられなかった。しかも諸外国との国交が始まり、生活のスタイルそのものが変化した。欧米の風俗や制度を取り入れ、模倣した。

### 神秘的な威厳と美

明治十八年に来日したフランス人のピエール・ロチは『秋の日本』で、この年の十一月に鹿鳴館で開かれた舞踏会に招かれたときの経験を綴っている。主催者の夫人たちは、パリの舞踏会に出ても恥ずかしくない服装で、礼儀正しく挨拶をした。「ああ！　大そう立派です、奥様方。わたしは皆さん三人に心からお祝いを申しましょう！　その物腰は非常に楽しく、その変装は非常にお上手です」と書くロチの文章には皮肉な響きがある。

ただし昭和三十三年に刊行された『千代田区の物語』には、ロチの言葉としてもう一言付け加えられていた。「日本とフランス十八世紀との合金、その変装は非常にお上手です」と。

どちらにしても著者の実感だったろう。外国人の目に映る当時の日本人の姿は、奇異であるか、上手な物まねだったにちがいない。そんなロチは、日本の皇后にとりわけ深い興味を抱いていた。そして明治十八年の十一月十日に赤坂御苑で開かれた観菊会で、ついに昭憲皇太后に拝謁が叶ったのである。

「ついこの二、三年前までは、皇后は真の女神と同じように、見ることのできない存在であったらしい」（『秋の日本』）と書き、たとえば皇后の外出の際は、その駕籠《かご》は長い紫の布に包まれており、しかも従僕たちが前もって沿道の人々に触れ回り、門や窓を閉めさせたと説明する。

実際に目のあたりにした皇后の姿にロチは興奮きわまりない筆致で、装束から日傘からハイヒール、髪形、化粧などについて微細に記している。小柄で鼻が高く、年齢より若く見えた皇后の容姿の特徴を述べた上で、「彼女こそは、（中略）ろうたけたという形容のあてはまるごく少数の女性の一人である」（同）と絶賛している。

「半ば女神である皇后は、おそらく人と物のすべてに対して、今日の晴れ渡った一日に対して、また秋のあいだ地上に咲き誇るこれらの美しい花々に対して、ほほ笑まれるのである……」（同）という文章からは、ロチが、皇后の持つ神秘的な威厳と美しさに魅せられたのがよくわかる。

その結果、さらに日本の皇后に関心を持ったのか、鎌倉の鶴岡八幡宮も訪ねている。なぜかといえば、そこに「ある偉大な戦闘的な皇后の召されたもの」が保存されているからだった。その皇后とは、西暦二〇〇年ごろに日本を統治していたといわれる神功《じんぐう》皇后を指していた。いくら明治十八年とはいえ、ロチが鶴岡八幡宮で見せられた装束が、はたして本物だったのかどうかははなはだ疑問だが、ここでの彼の感慨は、日本史上における皇后像を語る上で貴重である。

それは、「ある暗号」が、自分の空想に描いていた神功皇后の映像に生気を与えたというのだ。その暗号とは、赤坂御苑で拝謁を許された昭憲皇太后のことだった。もちろん、その当時の皇后は古い家柄の出身で洗練され、華奢《きゃしゃ》になっていることをロチは知っている。

## 貞明皇后の生命力

「けれども、ほとんど打ち開かれない、冷たいほど勝ち気なあの同一のまなざし、鷲の嘴《くちばし》のように僅かに曲ったあの同一の小さな鼻、不可知な女神にふさわしいあの同一の微笑と同一の魅力」(『秋の日本』)を発見した。おそらく、ロチは日本の皇后という存在には、常に神がかった力がつきまとうと感じたのだろう。その直感は間違ってはいなかった。

近代化された後も、昭憲皇太后について書かれた伝記のほとんどは、神功皇后に対するそれと変わらぬほど、神秘的な存在として表現されているのだ。

一方で、終戦後間もなくから昭和三十年代くらいまでの間に、かつて宮中に勤めた経験のある女官や仕人《つこうど》(召使)が、次々と宮廷に関する回想記や小説を発表した。しかし、従来の知性に溢《あふ》れ、福祉、女子教育、産業の発展などに力を注いだ姿や、明治天皇とともに、あるいは皇后だけで各地を行啓した毅然《きぜん》とした姿と、それらの書物に描かれた昭憲皇太后は、いささか異なるものだった。

自身は子宝に恵まれず、次々と後宮の女性たちに子どもを生ませる「お上」に対して、じっと嫉妬の炎を抑え込む女性として描かれた小説(藤野登久子『花の奴隷』)や、その逆に、明治天皇ときわめて仲が良い夫婦であり、愛情豊かな日常だったとする回想記(山川三千子『女官』)もあり、実像はわかり難い。

ただ、近代皇室の皇后像を確立し、見事にその使命を果たしたという点では稀有《けう》な資質に恵まれた女性だった。

それでは、大正天皇の后だった貞明皇后はどのような生涯を送ったのだろうか。

明治十七年に九条道孝の四女として生まれた。母は側室の野間幾子だった。生後七日目に東京近郊の高円寺にある豪農・大河原家に預けられ、五歳までを過ごした。このため、非常に健康で活気ある女性に育ったと伝記には書かれている。それが、皇太子妃に選ばれる際に有利に働いた。

実は皇太子妃には、伏見宮家の第一王女がすでに内定していた。ところが、反対を唱える声が上がった。そもそも皇太子（後の大正天皇）は幼少のころから病弱だった。国際的な観点に立って考えたとき、天皇が側室を何人も持つ時代はもう終わっていた。伏見宮の王女は体が弱く、肺に疾患があるとの噂もあった。これでは皇統が途絶える危険があると判断した元老・山縣有朋《やまがたありとも》が、明治天皇におうかがいを立て、破談となった。明治三十二年三月のことである。そして、八月に九条家の節子《さだこ》姫の入内が決まった。

色が黒くて小柄。成績は優秀だが一番ではなかった。華族女学校の初等科に入学したときに、休憩時間に突然奇妙な歌を歌った。

「オッペケペ　オッペケペッポ　ペッポポッポー」とは、庶民の間で流行《はや》っていた川上音二郎のオッペケペー節である。大河原家で覚えたのだろう。そんな野性味の強い少女が、そのまま皇太子妃となったのである。

明治三十三年五月十日のご成婚の日は、日本中が祝賀ムードに沸いた。午前十一時から、ロイヤルカップルの馬車でのパレードが行われた。桜田門からお堀沿いに三宅坂を上り、麹町通り、四谷門を抜け紀伊国坂より青山通りを経て東宮御所へ入った。四十分ほどのパレードだった。それまでは京都の宮中の奥深くで執り行われていたご成婚の儀式が、日本史上初めて、国民参加型となったのである。

輝くような生命力に溢れる皇太子妃は明治三十四年、三十五年、三十八年と続けて三人の男児を出産した。明治天皇が崩御した後の大正四年には四人目の皇子が誕生し、皇統維持への不安は払拭された。

**貞明皇后の思い出**

貞明皇后の思い出については、かつて仕人《つこうど》だった小川金男の『宮廷』に詳しく記されている。その他、昭和天皇以外の三人の親王たち（秩父宮、高松宮、三笠宮）の妃殿下が、それぞれに皇后の人柄について敬愛を込めて語っている。

秩父宮の妃を会津藩の松平家から迎え、高松宮の妃を徳川家から迎えたのは、貞明皇后の采配によるものだった。これにより、明治維新の遺恨が水に流されたと感じる国民は多かった。大局的な視点で日本を俯瞰《ふかん》し、息子たちの嫁を決めるような力量を備えた女性だったといえよう。

大正九年ごろから体調不良となった大正天皇を支え、気丈に振る舞った皇后は、同十一年十月に摂政宮を立てることを承諾した。だが、大正天皇は政治向きのことを見るのは好きなので、形式だけでも書類を回してくれないかと、宮内大臣の牧野伸顕に頼んでいる。この言葉からは、皇后の胸に去来していた複雑な思いが読み取れる。

大正十五年に天皇が崩御し、昭和天皇が即位して新しい御代が始まった。時は流れ、日本は太平洋戦争へと突入し、惨めな敗北を喫した。しかし、貞明皇后の気持ちの切り替えは早かった。

十年ほど前に、三笠宮家の百合子妃から直接聞いた逸話がある。戦後になってからの貞明皇后についてだった。

「それはもう全然前向きのご姿勢で、過去をどうのこうのとおっしゃらないの。スパッとお切り替えがおできになる方なのね。ただ、地味なお姿でしたね、戦争中のもんぺ姿でずっと。公式のお出ましのときもそれなので周りの者が、『もうそろそろ、そのもんぺはおやめいただいたほうがよろしいのでは』なんて申し上げたら、『一人くらい戦争を忘れない人がいてもいいでしょう』とおっしゃったんです」

近代皇室で初めて敗戦を経験した皇太后だったが、真の意味で戦争を忘れず、ファッショナブルな装いに傾注することなく、質素を旨とした。その貞明皇后が急逝したのは昭和二十六年の五月だった。

## 苦難の連続だった

昭和天皇の后《きさき》だった香淳皇后の生涯をたどってみると、あらためて、これほど多くの困難に見舞われた皇后は珍しかっただろうと思う。それにもかかわらず、なぜか香淳皇后は不幸なイメージとは無縁だ。むしろ大輪のバラのように限りなく明るい笑顔が目に浮かぶ。

昭憲皇太后は、美貌で利発だという点では誰もが称賛を惜しまなかったが、明治天皇との間に子をなさなかったため、どこか寂しい印象があるのは否めない。また、貞明皇后は四人の皇子に恵まれたが、大正天皇が病弱だったため、苦労を重ねた。気丈な性格から、歯に衣着《きぬ》せぬ発言も多い。それが、時の政権にまで影響を及ぼし、今でも先の大戦の責任を皇后に問う声すらある。

それに比べると、香淳皇后は穏やかな生涯を送ったと思われがちだが、実は宮中に輿入《こし》れする前から、想像を絶する苦難を味わっていた。

誕生したのは明治三十六年。ちょうど日本が著しい勢いで先進国の仲間入りをしつつある時期だった。久邇宮邦彦王《くにのみやくによし》の第一王女として東京で生まれ、母の俔子《ちかこ》妃は島津家の出身だった。

十四歳のときに皇太子妃に内定し、学習院女学部中等科を三年で退学した。その後は自宅でのお妃教育が待っていた。誰が、この結婚をすすめたのかは諸説あり、真偽は判然としない。ただし、皇太子妃になるだけの資質はじゅうぶんに備えていた。上品で、市松人形のような美しさ。成績も優秀な上に体操も得意で、健康面も申し分なかった。

それにもかかわらず、大正七年の婚約内定から婚儀までには、六年の歳月がかかった。従来では考えられない異常な長さである。

この間に何が起きたかを簡単に記すと、大正九年に、久邇宮家が色覚異常の血筋であるという理由で、婚儀に対する猛烈な反対運動が起きた。それは時の政治家、皇族、公卿《くぎょう》、教育者、思想家などを巻き込んでの熾烈《しれつ》な戦いに発展した。天皇は神格化された存在で、報道規制も厳しい時代である。婚約にまつわる騒動は表には出なかったが、巷間《こうかん》に「宮中某重大事件」として噂が流れた。

## 勝ち気な姑とのんびりした嫁

明治維新の立役者であり、隠然たる勢力を振るっていた山縣有朋が口火を切り、貞明皇后がはっきりと婚儀に難色を示した。貞明皇后は、久邇宮家の娘が気に入らなかったのではない。父親の態度が問題なのだと、強い拒絶の意を述べた。実際、父である久邇宮は皇后に直訴の手紙を渡したり、抗議行動とも受け取れる運動を繰り返していた。また、雑誌、新聞を使ったマスコミ操作にも積極的だった。

さらに大正十年になると、婚約の辞退を迫る使者として来訪した伏見宮に対して、久邇宮は、もしも婚約を解消しろというのなら、娘を殺して自分も切腹すると答えたと伝えられる。

こじれきった事態を収束に向かわせたのは、宮内大臣だった牧野伸顕である。

山縣有朋、大隈重信、原敬といった旧世代が次々と他界し、大正十一年九月にようやく納采の儀にこぎつけた。だが、翌十二年に関東大震災が帝都を襲ったため婚儀は延期され、十三年一月、やっと晴れの日を迎えたのだった。ただし、準備が間に合わず、披露宴は五月末となった。

婚約内定から六年間の歳月をじっと自宅でお妃教育を受けながら待ち続けた香淳皇后は、この年の三月には二十一歳になっていた。当時の良家の子女としては極端に遅い年齢での結婚である。不安がなかったはずはない。しかし、生涯この時代についての心情を公に吐露することはなかった。昭和天皇は、後の会見で、大正八年に自身の婚約者が誰であるかを知ったと語っている。それ以来ずっと霞ヶ関御殿の居間には、香淳皇后の写真が飾ってあった。

盛大な祝典が終わり、ようやく新婚生活が始まった大正十三年に、久邇宮家の長男である朝融《あさあきら》王の婚約不履行事件が、またしても世間の耳目を集めることになる。皇太子妃の実家である久邇宮家の長男が、正式に婚約までした酒井忠興《ただおき》伯爵の令嬢・菊子姫との縁談を解消したいと宮内省（当時）に申し出た。しかし、自分の娘の縁談が壊れそうになったときは「一度約束したものを反故《ほご》にするのは倫理にもとる」と怒りを露《あら》わにし、敢然として辞退を拒否した久邇宮が、息子の婚約者に結婚の辞退を迫るのはいかがなものか、という批判が噴出した。それでも婚約は破棄され、朝融王は他の女性と結婚した。

香淳皇后にしてみれば、さぞや肩身の狭い思いだったろう。身内の不祥事ほど、皇族にとって打撃になるものはないのは、昔も今も同じである。

大正天皇の健康も悪化の一途をたどっていた。大正十年には皇太子（昭和天皇）が摂政宮となり、実務を担っていたが、貞明皇后もまた強い発言権を保持していた。大正十四年十二月になると、大正天皇は高熱が続き宮中に緊張が走った。

そんなある日、皇太子夫妻が見舞いに訪れた。貞明皇后は眠る時間も惜しんで看病にあたり、脚がむくむほどだった。氷に浸したタオルを絞っては、自ら天皇の額に当てることを繰り返す貞明皇后を目のあたりにしながら、皇太子妃はただ椅子に座っていた。すると突然、貞明皇后が「おしぼり！」と鋭い声を発した。皇太子妃は飛び上がるほど驚いて、慌てて白い革の手袋をしたままタオルを絞って、手袋はびしょびしょに濡れたという。

これは、おそろしく勝ち気で気がまわる姑と、何事につけてものんびりとした嫁との対比を如実に物語るエピソードだった。

香淳皇后は、立て続けに四人の内親王を出産し、世継ぎの親王を望む声が大きくなった。かつて婚儀に猛烈に反対していた山縣有朋は死去する前に、山伏に調伏《ちょうぶく》を依頼した。それは絶対に世継ぎが生まれぬように、もし生まれても四人目までは短命で終わらせてやるという呪いだった。山縣の養子と称する人物がまことしやかに喋り歩いた。

このことに対しても、香淳皇后が誰かを使って口止めをした、あるいは抗議をしたという話は聞かない。泰然と構えていた。

五人目の出産で初めて男児に恵まれたのは、昭和八年、三十歳のときだった。

## 自身で思いを伝える時代

昭和十六年に太平洋戦争が始まり、やがて劣勢が続いた日本は敗戦へと突き進む。昭和天皇の心労は並大抵ではなかった。傍《そば》に付き添う皇后とて思いは同じだったろう。まして進駐軍が乗り込んでくる事態となり、国体の護持も定かではなくなった。しかし、奥日光に疎開していた皇太子（平成の天皇陛下）に宛てて、終戦のわずか十五日後に書いた皇后の手紙の筆致は驚くほど前向きだ。

玉音放送を聴いたかと問い、「おもうさま　日々　大そうご心配遊しましたが　残念なことでしたが　これで　日本は　永遠に救はれたのです」と述べ、忍ぶべくを忍んで一層勉強をして体を丈夫にし、「わざわひを福にかへて　りつぱなりつぱな国家をつくりあげなければなりません」と、あくまでポジティブな姿勢だ。

そんな香淳皇后だからこそ、歴代の皇后の中でもひときわ厳しい受難の時代を乗り切れたのだろう。香淳皇后に関しては、小さな微笑《ほほえ》ましいエピソードは数々あるが、その性格を強く示すような出来事の表立った記録は皆無だ。常に控えめに昭和天皇に寄り添っていた。

そして平成の御代《みよ》となり、美智子さまは新しい時代の皇后として国民に尊崇の念をもって迎えられた。時代が変わったこともあるが、これほどメディアへの露出が高い皇后はそれまでいなかったのも確かだ。とにかく美智子さまをテーマとした出版物の多さは瞠目《どうもく》に値する。単行本からムック本まで数えたら軽く百冊は超えるだろう。中には『美智子さまの恋文』とか『天皇家が恋した嫁たち』など、いささか露骨で首を傾《かし》げたくなるタイトルもある。その一方で、『皇后さまの御親蚕』といった専門的な分野での書物もある。それだけ、国民の関心が高いということだろう。

そして平成二十八年の天皇のビデオメッセージ以来、もう一つ新たなイメージが加わった。もちろん、今までも国民がそれを意識していなかったわけではない。すべての日本人がこころの中でしっかりと感じてはいたが、明確な言葉とはならなかった。それは、皇室の方たちが自身の言葉で、自身の声で、思いや考えを国民に伝えようとしていること。国民に寄り添う、国民とともにあるということを、言葉を伝えるという行為で示そうとしているのではないか、ということだ。

今は多くの日本人が、はっきりと知っている。いかに天皇陛下と美智子さまが一般の人々との触れ合いを大切にしてきたかという事実である。香淳皇后までは、国民の脳裏に浮かぶのは、静止画で見る端正な皇后の面影だった。歴代の近代皇室の皇后は、揃って美しく、慈愛に富んだ眼差しを国民に向けていた。しかし、テレビが普及し、ネットやスマートフォンを使いこなすことが普通となった現代において、私たちはすぐに、美智子さまが被災者の手をそっと握ったり、軽く肩を抱き寄せたりする姿を動画で目にするようになった。病人に優しく語りかける、静かで品格に満ちた声まで聞こえる。海外への訪問の際は、相手の国にちなんだ色彩や柄を選んだ優雅な装いが、多くの人のこころを打つ。まことに、これほど完成された挙措動作に、国民がリアルタイムで接することができる皇后は美智子さまが初めてだった。

そして、これは少し意外なことだったが、年齢を重ねて「従来のように重い務めを果たすことが困難になった場合」を考えるようになったからこその天皇の退位発言であったのだが、逆にこのビデオメッセージの後のほうが、両陛下のマスメディアへの露出は増えたように感じられる。ご公務のみならず、私的な訪問や美術展、演劇、音楽会などへの出席もあり、少しでも多くの国民と直接に触れ合おうとしているご様子がうかがえる。

実際、宮内庁のホームページに掲載されている「天皇皇后両陛下のご日程」を見ると、近年は実に超人的な過密スケジュールをこなしているのがわかる。

平成の時代は災害が多かったため、被災地への慰問は、まさに息をつく暇もないほどだ。被災した人々が涙を流して感激する光景を映像で見ると、どんなに有名な政治家、実業家、スポーツマン、芸術家が慰問に訪れても、これほどの歓迎を受けることはないだろうとの思いを強くする。

天皇の退位が近づくにつれ、国民は両陛下の存在をさらに身近に感じるようになった。絶対的な信頼の絆は、かつてなかったほど強い。その上で、秋篠宮の大嘗祭《だいじょうさい》に関する発言から見えてくるのは、平成三十一年四月末の退位の後の新しい皇室像である。

陛下が生前退位の意向を示した平成二十八年八月のビデオメッセージ以降、皇太子はすっかり風格に溢れ、天皇に即位された日からきわめて自然にさまざまな公務に取り組み、国民の信頼を得ることが予想される。

雅子さまもまた、最近は目覚ましい恢復《かいふく》ぶりで公務にあたられていると聞く。皇后の地位に就くことが雅子さまによい意味での緊張感を与えているように見受けられる。

だが、まだ雅子さまの主治医からは、適応障害と名付けられた病気が完治したという発表はない。だとすると、精神疾患で闘病中の皇后が誕生するのはかつてない出来事である。

見方によってはそこに新しい皇室のありようが示されているとも思われる。明治以降の長い年月、皇室はこうあらねばならないという既成概念に縛られてきた歴史が、確かに眼前に横たわっている。もともと終戦直後に日本に駐留した連合軍は、皇室の存続にけっして積極的ではなかった。最高司令官のダグラス・マッカーサーが、新生日本を統括するには天皇の力を利用するほうが有利だと判断したため、昭和天皇とその弟宮たち三宮家を残した。そして他の皇族方は臣籍降下した。私見ではあるが、マッカーサーは皇族の人数を絞ることで、やがて皇統の危機が訪れることを見越していたのではないだろうか。そして、彼自身は皇室を維持する必要はないと考えていた――。

マッカーサーの野望はキリスト教を日本に浸透させることであり、その布教にはきわめて熱心だった。日本には明治、大正の時代に創設された名門女学校が数多くある。だが、戦後はそれらの女学校の校長のほとんどが、公職追放となり辛酸を舐《な》めた。それに反して聖心女子大、ＩＣＵなどクリスチャン系の学校創設には率先して寄付を募り、優遇を図った。その結果、日本の上流階級の子女が聖心、雙葉などキリスト教系の学校へ進学する潮流が生まれた。

やがて、聖心女子大は美智子さまをはじめ三人の妃殿下を輩出するまでになった。さらに近代皇室においては、語学が堪能であることも妃殿下の大事な要素となったようだ。新しい世代の妃殿下は外国生活を経験した方たちばかりだ。中でも雅子さまのキャリアは群を抜いている。外交官であり、語学力もまた優秀である。世界的な視野を備えた新しい皇后が、神話の世界からの歴史を紡ぐ皇室をどのように考えているかは興味深いところだ。皇室の歴史は、すでにこれまでも大きく変転している。同時にけっして譲歩できないとされた幾つかの条件もある。

これまで国民も政府も懸案と考えていた女性宮家や女性天皇の問題も、新しい御代になって大きく動く可能性はあるだろう。考えてみれば、戦後に残った天皇家以外の三宮家で、秩父宮家、高松宮家はお子さまに恵まれず、三笠宮家は三人の親王がいたがすでに逝去した。

そして、平成二十一年の即位二十年の会見で、天皇は、はっきりと「将来の皇室の在り方については、皇太子とそれを支える秋篠宮の考えが尊重されることが重要」と述べている。それは旧宮家の復籍や女系皇族に関する判断などを二人の男子の手に委ねたいという気持ちの表れと解釈できる。

だとすると、これから先は、雅子さまもご自身の意見を発信する皇后として、さまざまな場面での登場が考えられる。

何が消え、何が残るのか。まったく予測がつかないことではあるが、平成の御代において、いかに美智子さまが勁《つよ》く鮮烈な足跡を残されたかを国民が忘れることは、けっしてないだろう。

# 第九章　両陛下の平成

## 深い信頼と敬愛

平成三十一年四月十日。天皇、皇后両陛下はご成婚六十年を迎えられた。それから二十日を経ての御代替わりである。

お二人の歩みを年表で追えば、前半のほぼ三十年を皇太子・同妃として、後半の三十年を天皇・皇后としてお務めを果たされたことがわかる。期せずして半分ずつの尊い時間が割り振られた。出会うまでにはおよそ二十四〜二十五年という独自の貴重な時間が背後にあった。

ご成婚に先立って昭和三十三年十一月二十七日午前、総理大臣岸信介議長の下で皇室会議が開かれた。この席で、明仁皇太子は昭和八年十二月二十三日生まれ、正田美智子さんは翌昭和九年十月二十日生まれ、お二人は十カ月違いだと配布資料で紹介された。その結果「満場一致で東宮妃は正田美智子さんと決定されました」との報告が宇佐美毅《たけし》宮内庁長官から両陛下に届けられたのである。

その日から六十年が過ぎた去る平成三十年十二月二十日、八十五歳の誕生日を前に天皇陛下の記者会見が開かれた。

そのお言葉の中で、特にこころに残る旅として、美智子さまとともに行った慰霊ならびに被災地への訪問を挙げている。皇太子時代を含め十一回にも及ぶ沖縄をはじめ、硫黄島（戦後五十年の前年）、サイパン島（戦後六十年）、パラオのペリリュー島（戦後七十年）、フィリピンのカリラヤ（その翌年）などへの慰霊の旅。そして、雲仙・普賢岳の噴火（平成三年）、北海道南西沖地震と奥尻島の津波被害（平成五年）、阪神・淡路大震災（平成七年）、東日本大震災（平成二十三年）、熊本地震（平成二十八年）など、各地の人々にこころから寄り添うお見舞いの姿を私たちは忘れることができない。

両陛下は即位以来、国民体育大会や全国植樹祭、全国豊かな海づくり大会などの恒例行事出席はもとより、各地の技術研究所や貴重な文化遺産の継承者、あるいは乳幼児の施設、ハンセン病施設、知的障害者施設といった、多くの市井の人々や恵まれない子どもたちに温かい目を向け続けてきた。

しかも、そのすべてが両陛下お揃いの行幸啓であった。近代の天皇・皇后像を大きく変えたお姿だったといえよう。

その根底にあるお気持ちは、陛下ご自身の発言ににじんでいる。平成二十八年八月八日、テレビを通じて語られた「象徴としてのお務めについて」の言葉である。

「日本の各地、とりわけ遠隔の地や島々への旅も、私は天皇の象徴的行為として、大切なものと感じて来ました」と語り、さらに「国内のどこにおいても、その地域を愛し、その共同体を地道に支える市井《しせい》の人々のあることを私に認識させ、私がこの認識をもって、天皇として大切な、国民を思い、国民のために祈るという務めを、人々への深い信頼と敬愛をもってなし得たことは、幸せなことでした」と振り返ったのである。

きわめて論理的に構築された文脈によって語られた「国民のために祈るという務めを、人々への深い信頼と敬愛をもってなし得た」という一節。ここに、現憲法に定められた象徴天皇のあり方を模索し続けた陛下のお立場が痛いほど伝わってくる。

美智子さまが心の奥に刻み込んできた「祈り」の原点もまた、鮮烈に思い起こされる。

それは第二章で触れたように、美智子さまが十歳の夏、疎開先に父親が持ってきてくれた子ども向けの『古事記』や『日本書紀』に発する。大きく胸を揺さぶったのは、倭建《やまとたけるの》御子《みこ》とその后《きさき》・弟橘《おとたちばな》比売命《ひめのみこと》の物語から受けた「祈り」への感動だった。

十歳の夏、疎開先で読んだ愛と犠牲を伴った弟橘の歌は、けっして忘れることなく美智子さまのこころに残っていたという。

さねさし相武《さがむ》の小野《をの》に燃ゆる火の火中《ほなか》に立ちて問ひし君はも

（あの時、燃えさかる火の中で、私の安否を気遣って下さった君よ）

平成十年九月、インドのニューデリーで開催された国際児童図書評議会（ＩＢＢＹ《イビ》）に、美智子さまはビデオテープで講演参加した。その会場で美智子さまは、弟橘の歌を引きながら語りかけたのだった。

「弟橘の歌は（中略）『いけにえ』という酷《むご》い運命を、進んで自らに受け入れながら、恐らくはこれまでの人生で、最も愛と感謝に満たされた瞬間の思い出を歌っていることに、感銘という以上に、強い衝撃を受けました」（美智子『橋をかける』）

これはまさに、お二人の慰霊と祈りの旅路の原点となる思い出ではなかったか。

ご在位中最後となった誕生日会見で、天皇は印象的なお言葉を残している。

「平成が戦争のない時代として終わろうとしていることに、心から安堵《あんど》しています」という一節だ。

いうまでもなく現憲法下では戦争放棄がその柱となっており、ご在位中に戦争はなかった。戦争に一切関わらなかった天皇という意味では、近代以降で唯一の天皇である。

一方、明治天皇以降、昭和天皇までは大元帥経験者であり、軍服を着て軍事的な催しの指揮を執った。たとえば陸軍特別大演習や観兵式に臨むことが義務づけられ、また天皇が元首であることの最大の証しともされたのである。

## 記憶しなければならぬ四つの日

さらに、明治天皇は日清・日露の両戦争で、大正天皇は第一次世界大戦の際に対ドイツに、昭和天皇は大東亜戦争（太平洋戦争）勃発に際し、アメリカ、イギリス、オランダなどそれぞれに対する開戦の詔勅を発している。それは、終戦の詔勅を含め旧憲法下では天皇の重要な任務でもあった。

平成の天皇も幼少年期までは、そうした天皇になるべく教育をされてきた。美智子さまが十歳の夏に弟橘比売命の歌に愛と犠牲の美しさを感じていたその同じころ、一学年上の明仁親王は奥日光の疎開先で終戦を迎えた。昭和二十年八月十五日の皇太子の日記が残されている。

「この日、我が国三千年の歴史上初めての事が起りました。（中略）今度の戦で我が忠勇な陸海軍が陸に海に空に勇戦奮闘し、殊に特攻隊は命を投げ出して陛下の御為笑つて死んで行きました。（中略）けれども戦は負けました。それは英米の物量が我が国に比べ物にならない程多く、アメリカの戦争ぶりが非常に上手だつたからです」

「今は日本のどん底です。それに敵がどんなことを言つて来るかわかりません。これからは苦しい事つらい事がどの位あるかわかりません。どんなに苦しくなつてもこのどん底からはい上がらなければなりません。（中略）そこでこれからは団体訓練をし科学を盛んにして、一生懸命に国民全体が今よりも立派な新日本を建設しなければなりません。殊に国が狭まくなつたので、これからは農業を一層盛んにしなければなりません。それが私達小国民の役目です」(木下道雄『側近日誌』)

この日記は侍従次長・木下道雄が赤坂離宮で東宮職の手から借り、自分のノートに筆写したものである。昨日まで「軍国少年」の教育を受けてきた皇太子が、「新日本」建設へと大きく舵《かじ》を切り替える潮目に立っていたことがよくわかる。十一歳の皇太子はこの日記を書いた後、奥日光から東京の皇居の方角に向かって頭《こうべ》を垂れ、祈りを捧げたという。

今から振り返れば立場の相違はあるものの、疎開に明け暮れていたお二人の少年・少女期は酷似していたともいえる。美智子さまが「愛と犠牲」の神話に衝撃を受け、日本の伝統の中から祈ることの美しさを見いだしていたころ、少年皇太子もまた、新日本建設の役割について祈り、考え始めていたのだった。

このような体験が若くしてあったがゆえでもあろうか、明仁天皇は皇太子時代の昭和五十六年八月、記者会見で次のような発言を残している。十五日の終戦記念日を前にしての言葉だった。

「やはり、こういう戦争が二度とあってはいけないと強く感じます。そして、多くの犠牲者とその遺族のことを考えずにはいられません。日本では、どうしても記憶しなければならないことが四つあると思います。終戦記念日と、広島の原爆の日、長崎の原爆の日、そして六月二十三日の沖縄の戦いの終結の日。この日には黙禱《もくとう》を捧《ささ》げて、今のようなことを考えています」

後世に語り継ぐべき歴史について皇太子時代に語った覚悟は、天皇即位後には美智子さまと二人で手を携えての慰霊の旅路となって実践してきた。

そのスタートが平成七年夏である。この年は終戦五十年でもあり、両陛下は四つの日の務めを果たすべく強行スケジュールを組んだ。まず七月二十六日に長崎へ、二十七日に広島と、両被爆地への慰霊を終えて帰京し、一週間も経《た》たない八月二日、次の訪問地・沖縄へ向かう。沖縄の激戦地での慰霊からとんぼ返りした翌三日、東京都墨田区横網にある都慰霊堂を訪ね、東京大空襲の犠牲者を追悼し献花したのだった。

## 二・二六事件の和解へ

強靱《きょうじん》な精神力をもってお二人はこうした国内での鎮魂の旅を続け、さらに太平洋の島々に散った戦没者への慰霊へとつなげてきた。両陛下のお気持ちの底には、昭和天皇の御代に果たせなかった希望を、ご自身で果たしたいという強い使命感があったのではないだろうか。その例を一つ挙げてみたい。

昭和天皇が生涯を通じて、なお思い残された問題の中に、昭和十一年に発生した二・二六事件があるとされる。陸軍皇道派青年将校たちが二月二十六日払暁、首相（岡田啓介）官邸や侍従長（鈴木貫太郎）官邸、内大臣（斎藤実）私邸、蔵相（高橋是清）私邸などを襲撃、多数の死傷者を出した事件である。

第一報を受け軍装を整えた天皇の表情にはかつてないほどの怒りが満ちて、自らが馬を駆って現場に赴かんばかりの勢いだった。

無論、政府の要人たちを殺《あや》め、天皇の軍隊を勝手に動かしたのは、許される行為ではなかった。しかし、経済的に困窮する人民の側に立って決起をした青年将校たちの純粋な動機に、強い共感を抱く皇族や軍人たちもいた。

拝謁した侍従武官長本庄繁が、「君国《くんこく》ヲ思フニ出《い》デタルモノニシテ、必ズシモ咎《とが》ムベキニアラズ」と同情する気持ちを申し述べると、天皇はこう告げている。

「朕ガ股肱《ここう》ノ老臣ヲ殺戮《さつりく》ス、此《かく》ノ如キ兇暴ノ将校等、其精神ニ於テモ何ノ恕《じょ》スベキモノアリヤ」（『本庄日記』）

直ちに戒厳令が敷かれ、叛乱《はんらん》部隊は鎮圧された。軍法会議の判決により青年将校十三名、民間人四名、合計十七名に叛乱罪による死刑が執行される（ほかに自決者二名）。加えて叛乱軍青年将校らを利する幇助《ほうじょ》罪により、予備役陸軍少将齋藤瀏《りゅう》が禁錮五年を言い渡された。齋藤は、この事件における軍師と目されていた。

齋藤はまた、歌人将軍としても知られ、釈放後の昭和十七年に募集された「愛国百人一首」（東京日日新聞主催）の選定委員でもあった。佐佐木信綱、斎藤茂吉、川田順、太田水穂らとともに名を連ねるが、二・二六事件の被告人であり、「民主化」された戦後歌壇からは長く忘れられたまま、昭和二十八年病没している。

平成九年一月十四日、正月恒例の宮中歌会始の儀が粛然と執り行われたときである。岡野弘彦や岡井隆ら選者たちに交じって、一人の老婦人がたおやかな足取りで宮殿松の間に通じる大階段を上り始めていた。本日の召人《めしうど》（歌会始で歌を詠む人）・齋藤史《ふみ》だった。史は二・二六事件の被告人となった齋藤瀏の一人娘で、間もなく八十八歳の誕生日を迎えようとしていた。かつて史の幼なじみで長じてからも親しかった仲間に、二・二六事件で処刑された栗原安秀中尉や坂井直《なおし》中尉がいた。いわば天皇の軍隊に背いた朝敵を父や友人に持つ、女流歌人だったのである。

暴力のかくうつくしき世に住みてひねもすうたふわが子守うた

これは事件後に史が詠んだ歌であり、彼女の代表作の一つである。その史が予想すらできなかった歌会始の召人として皇居に招かれた。宮中の階段を上るとき、一瞬異様な風景を見たと史は歌人仲間につぶやいた。

「実はね、さっきこの階段を昇るとき向うの庭に軍服の連中が並んでいるのが見えたのよ。おかしいでしょ」

史にしか見えなかった幻影のような兵士たちとは、まごうかたなく栗原や坂井たち刑死した青年将校たちであろう。その姿は、兵馬俑《へいばよう》にも似ていたと、史は言葉を継《つな》いだ。

やがて、おごそかに詠進歌が吟誦《ぎんしょう》された。この年の御題は「姿」である。

野の中にすがたゆたけき一樹あり風も月日も枝に抱きて

すべてが終わった後、控室にいた史に天皇と皇后が歩み寄った。召人へのねぎらいの言葉と会釈の後、天皇はこう尋ねた。

「お父上は瀏《りゅう》さん、でしたね……」

そう言いながら天皇は何度もゆっくりうなずくのだった。美智子さまは、にこやかに微《ほほ》笑んでいた。史は、陛下が父親の名前を覚えていてくださるなら何もいうことはないと思えた。

傍らで聞いていた岡井隆は、

「うむ。これは天皇家との長いいきさつの、いわば和解の風景なのかも知れない」(『齋藤史全歌集』解題)

とひとりごちた。

和歌の和とは文字通り日本、大和の国を表すものだが、「あわせること」「うまくまぜること」という意味もある。平成の両陛下は、かつて歴史が引き裂いた双方の関係を、歌会始の場で見事に和解させたのではないだろうか。

美智子さまの和歌の素養と知識が素晴らしいものであることは、よく知られている。なればこそ、史の和歌も、また史の存在も、お気にかけていたに違いない。昭和天皇から引き継いだ〝宿題〟を、手を携えてともに解いてきたお二人のことを思うと、このときに史が召人に選ばれたのも、けっして偶然などというものではなかったろう。

こうしてともに歩まれた六十年。とりわけ即位してからの三十年の日々は常に国民に寄り添い、和を尊び、喜びも悲しみも等しく向き合うという一貫した姿勢を示してきた。

それは、明仁天皇が美智子さまというまたとない家族を、よき理解者を得られたたまものであったといえる。

## 〝皇太子としての義務〟

平成の時代を、皇室に限って考えてみると、一番大きく変わったのは家族のありようではないだろうか。

そもそも、天皇の役割には、いくつかの重要な課題がある。その中でも皇位継承を果たすことは、最も大切な任務とされていた。つまり、伴侶を得て、男子が誕生しなければ皇位の世襲は継承不可能になるからだ。

憲法第二条にこうある。

「皇位は、世襲のものであつて、国会の議決した皇室典範の定めるところにより、これを継承する」

その皇室典範第一章第四条では、

「天皇が崩じたときは、皇嗣が、直ちに即位する」

と規定されており、皇位は一日たりとも空位にはできない決まりがある。それだけ「お世継ぎ」の誕生が重く肩にのし掛かっているのが皇太子の立場だった。

かつて、皇太子時代の陛下は、軽井沢のテニスコートで正田美智子さんを見初めた。昭和三十二年の八月のことである。それ以来、美智子さんを将来の伴侶にと望んで、一途《いちず》に結婚を求めた。だが、状況は思うように進展しなかった。当時の美智子さんにしてみれば、民間から初めて宮中に上がる決意がそう簡単にできるものではなかったのは、当然だ。

こころに秘めるものがあった皇太子は、一年以上にわたってその「思い」を伝えようと試みた。正田家側には迷いがあった。幾度も親族間での話し合いが重ねられたが、それでもなお美智子さんのこころは揺らいだまま時間だけが流れていった。

昭和三十三年十一月初旬のある晩のこと、皇太子は固い決意をもって美智子さんに何度目かの電話をかけた。その際に発した言葉が、美智子さんのこころを大きく揺さぶったとされている。

「僕は家庭を持つまでは絶対に死んではいけないと思っています」

皇太子が口にしたのは、ただの甘いプロポーズの言葉ではなかった。家族は欲しいが、しかし「自分にとっては皇太子としての義務が第一です。家庭生活などの私事はそれに次ぐものです」という本音を漏らされたという。

当時の黒木従達東宮侍従が、それを裏付けるような言葉を残している。

「(電話による)皇太子としてのお心の定まりようこそが最後に妃殿下をお動かししたものであったことはほぼ間違いない」(『皇太子同妃両殿下　ご結婚20年記念写真集』)

「僕は家庭を持つまでは絶対に死んではいけないと思っています」とは、皇位継承を果たすまでは死ねない、という強い覚悟にほかならなかった。

「分かりました殿下。美智子はおっしゃるとおりにいたします」

それが十一月八日の晩のこと。美智子さんは遂《つい》に「お受けする」との気持ちを皇太子に伝えたのだった。

## 孤独ゆえに求めた家族

明仁皇太子は、昭和八年十二月二十三日、皇居内の産殿で、生まれながらの皇太子として産声を上げた。これまでの皇室の歴史では、後に天皇となる男児は、多くの場合は祖父が健在のため、「皇孫」として誕生した。だが、大正天皇は病弱で、大正十五年十二月に崩御していた。直ちに即位した昭和天皇の皇嗣として、明仁親王は誕生したのである。ご成婚から皇太子誕生までの間は、やや時間がかかった。昭和天皇と良子《ながこ》皇后の間には内親王が続けて四人も誕生していたからだ。

昭和天皇に側室を持つよう宮中で動いた勢力さえあった。なぜなら、明治天皇も大正天皇も、生母は側室だったからだ。側室が産んだ男子が天皇を継ぐことに何の違和感もない時代だった。だが、昭和天皇は「もし自分が側室を持てば、どれだけ皇后を悲しませるか」と考え、きっぱりと断った。それだけに男児の誕生への喜びもひとしおだった。

家族を大切にしていた昭和天皇にとって、次の大きな懸念は皇太子の養育問題だった。昭和八年ごろの日本を取り巻く国際情勢は、かなり厳しいものがあった。満州事変（昭和六年）の直後であり、昭和十一年には二・二六事件が起こることを思うと、まさに日中戦争が始まらんとする時代の前夜に皇太子は誕生したことになる。

皇太子誕生から十カ月後、一学年違いで正田美智子さんが東京・本郷の東大付属病院で生まれている。この時点で、二十三年後には明仁皇太子と軽井沢で偶然に出会い、その一年後には婚約発表、さらに半年後にはご成婚となる運命が待っているとは、誰一人予想だにしていなかったであろう。

　皇太子は将来天皇となり、大元帥として軍を統帥すべき身分だったのである。当然のように親から離れ、三歳から赤坂御用地内の東宮仮御所へ移され、三人の傅育官《ふいくかん》や御養育係の看護師の手で育てられることとなった。

　かつて皇室では、皇子たちが幼くして他家に預けられて養育されるのは当然の帝王学と認識されていた。昭和天皇も、誕生からわずか三カ月目には川村純義《すみよし》海軍中将の邸に預けられた経験を持つ。昭和天皇は寂しい思いをした経験から、できれば皇太子を手元で養育したいという希望があった。皇后の気持ちも同じだ。だが、元老・西園寺公望は、皇太子たる方を親の思い通りに養育するのは間違いだと強く進言したと、『西園寺公と政局』第三巻に記録がある。

　また、『高松宮日記』には、昭和九年一月七日付で、新宮、つまり皇太子についての次のような記述がある。

「両陛下は共に極めて御やさしい。おそらくほんとに御叱りになることはあるまい。［略］しかも二方とも大して御強壮な身体の方でない場合、そこに生れるお子は気丈な方でない方が普通であらう。してその上に育て方が弱々しくされることによつては男さんについてはたしてどうであらうか」

紆余曲折の末、昭和十二年三月、皇太子は東宮仮御所へと移った。その後、戦争激化に伴い、皇太子の転居は頻繁になった。首都圏に空襲があれば青山御所の防空壕に避難、さらに昭和十九年以降は東京近郊も危険な戦況となり、沼津御用邸から日光、奥日光へと疎開する。この間、ほとんど両親と一緒に過ごせなかった。さらに終戦直後は焼け野原の東京に戻り、赤坂離宮（現・迎賓館）から東京・小金井の東宮仮寓所、そして渋谷区常磐松町の東宮仮御所（現・常陸宮邸）へと移る。目まぐるしい転居を重ねての寂しさは想像に余りある。

皇太子と学習院時代に同級生だった作家の藤島泰輔は、かつて皇太子をモデルとして『孤獨の人』という小説を書いた。その内容については、皇太子が当惑したとされるのもうなずけるのだが、若き日の皇太子が置かれた状況をそれなりに表していて、世間で話題となった。今では藤島泰輔といっても若い読者は知らないだろう。ジャニーズ事務所のメリー喜多川（藤島メリー泰子）の夫だった人というほうがわかりやすいかもしれない。

いずれにせよ、皇太子が孤独だったがゆえに、自分の家族、家庭を持ちたいと強く願っていたことは事実だったのではないだろうか。

## 母としての姿

六十年前のあの祝賀パレードの日から十カ月あまり経った昭和三十五年二月二十三日、皇太子と美智子さまの間に第一皇子が誕生した。浩宮徳仁親王である。

「ナルちゃん」として国民から親しく呼ばれるようになる浩宮は、皇太子夫妻が思い描いていたように、手元から離すことなく、可能な限り美智子さまの手で育てられた。

結婚当初の仮住まいだった東宮仮御所から移り、赤坂御用地内の新東宮御所で親子三人の生活が始まったのは、同年六月である。居間の隣には小さなキッチンを設けた。宮内庁大膳課の厨房《ちゅうぼう》ではない、この台所こそが皇太子夫妻の希望の象徴だった。ここでは浩宮はもとより、やがて生まれてくる礼宮親王（秋篠宮）や紀宮内親王のお弁当作りに役立つ場所となる。

皇室改革とみられるような変化は、台所だけではない。旧来の乳母《めのと》の制度も廃止され、母乳で育てることとなった。エプロン姿で料理をする若くて美しい美智子さまの写真が、多くのメディアに取り上げられた。ご成婚とともに購入者が急増したテレビ、新たに発刊された幾多の週刊誌が、こぞってこうした情報を掲載する現象は、これまでの皇室にはなかった。

そして、幼い浩宮を残して夫妻でアメリカへの親善訪問に出かけることとなったのは、同年九月だった。このとき浩宮を置いての長旅に際し、美智子さまは育児に関するメモを侍従や女官に託した。これが一般に言われる「ナルちゃん憲法」だった。

「一日一回ぐらいはしっかり抱いてあげてください」

「自由に廊下を遊びまわっているときには、入ってはいけない部屋や、危険な階段に通ずるドアは、忘れずに閉めておいてください」

「ひとり遊びは続けさせてください。遊んでいるときは多くの人でとりかこまないように」

「お食事のときは、ご本はあげないように」

「悪いことをしたら、時には厳しく『ナルちゃん、止《や》めなさい』と叱ってください」

（佐藤久『浩宮さま』他）

これはそのほんの一部だが、「憲法」と名づけたのは美智子さまご自身である。絶対に守ってもらいたい決まりごと、というような意味が込められているとされる。

昭和の時代の終焉《しゅうえん》は、昭和六十四年一月七日であった。天皇の崩御により、明仁親王は第百二十五代天皇として即位した。翌平成二年十一月には、古式にのっとり大嘗祭《だいじょうさい》・大嘗宮の儀が滞りなく行われた。

その後、平成五年六月には皇太子徳仁親王が、外交官のキャリアを持つ小和田雅子さんと結婚した。お世継ぎの誕生が待たれていた平成十三年十二月一日、長女・敬宮《としのみや》愛子内親王が誕生する。このころから徳仁皇太子一家は、両陛下よりさらに新しい家族の姿を国民の前に届ける工夫をされるようになった。

そんな矢先の出来事だった。平成十六年二月、皇太子が誕生日の会見で周囲をも驚かせるような発言をした。

「雅子には、昨年十二月以来公務を休むこととなり、国民の皆さんにはご心配をいただいております。（中略）世継ぎ問題のプレッシャーも、また掛かってきたことも大きかったと思います。（中略）雅子がゆっくり休めるよう宮内庁はもとより、マスコミの皆さんにもご協力いただければ幸いです」

さらに直後の五月、欧州歴訪を前にした記者会見での皇太子の言葉は、内外の関係者や国民に大きな衝撃を残す内容だった。このときまでに宮内庁からは「雅子妃は公務を休まれ、静養に専念される」との発表がなされていた。

**新しい皇室の家族像**

当日の会見から概略のみ引いてみよう。

「雅子のキャリアや、そのことに基づいた雅子の人格を否定するような動きがあったことも事実です」

「細かいことはちょっと控えたいと思うんですけれど、外国訪問もできなかったということなども含めてですね、（中略）雅子もそうですけれど、私もとても悩んだということ、そのことを一言お伝えしようと思います」

きわめて異例な、妃殿下の現状に関する説明だった。そこで宮内庁は、雅子さまの病状について正確な情報を出すべく同年七月、「主治医の診断結果は適応障害」であるとの発表をした。「適応障害」というあまり聞き慣れない病名に多くの国民の心配もつのったが、加えて、愛子さまにも発達障害の兆候がみられる、という臆測まで流れた。

こうしたこころない噂を打ち消すかのように、皇太子は九月、自身が撮影した愛子さまのホームビデオ映像を公開した。これも皇室としては異例なことだった。

その映像を、あらためて簡単に説明しよう。愛子さまが東宮御所の居間で絵本を開いている。読んで聞かせているのか、皇太子の優しい声がかぶる。「もういいかい。まあだだよ」「どこに隠れたのかなあ」「愛ちゃん、こっち向いて」。愛子さまの声で「パパも」と可愛くせがむ様子や、談話室で雅子さまが愛子さまと楽しそうに語らっている姿なども収められていた。国民のどこの家庭でも見られる、幸せそうな家族の光景である。それは、家庭の団欒を大切にした両陛下の思いを皇太子が引き継いでいることの表れなのだろう。

皇太子は愛子さまが順調に成長している姿とともに、雅子さまも恢復《かいふく》に向かって努力していると、映像をもってきっぱりと示したかったにちがいない。明仁天皇・美智子皇后が創ってきた名実ともに新しい皇室の家族像は、どのようにして次の御代に引き継がれるのか。その幕開けはもうすぐだ。

# 最終章　新しい御代へ

## 宗教の壁を超えて

日本の社会において、元号というものを残すべきか否かは、これまでも何度か、論議の対象となってきた。世間話の場から個人的な会食の席、新聞、雑誌の記事に至るまで、果たして、いつまで元号を続けるのか、その意義はなんだろうといったことが話題になったのだ。

若い人は、西暦のほうが国際的にも問題なく通用するので便利だという意見が多いようだ。一方、先の大戦の記憶がある高齢者層は、明治維新以降の元号に対しての馴染みが深い。昭和十六年といえば、すぐに真珠湾奇襲攻撃が思い浮かび、昭和二十年は終戦という言葉と結びつく。団塊の世代もまた、生年月日を問われたら、元号で答える人のほうが多いだろう。

しかし、時代は確実に変わっている。平成二十九年九月に行われた秋篠宮家の眞子さまの、小室圭さんとのご婚約内定記者会見での言葉は、それを十分に感じさせるものだった。

お二人の出会いや、結婚までの経緯を記者団から質問された眞子さまは、次のように答えている。

「初めてきちんとお話をしましたのは、二〇一二年、国際基督教大学が交換留学生のために教室で行った説明会でのことでした」

元号ではなく西暦で述べた。

小室さんもまた、「二〇一三年の十二月に、私から宮さまに『将来結婚しましょう』というように申し上げました」と、こちらも西暦で、プロポーズの時期を披露している。

この記者会見の一年ほど前に天皇陛下はテレビを通じて、「退位」の実現への強い意向を示した。

高齢ゆえの体力の衰えを憂慮し、「全身全霊をもって象徴の務めを果たしていくことが、難しくなるのではないか」と懸念した。摂政を置くことに関しても、「この場合も、天皇が十分にその立場に求められる務めを果たせぬまま、生涯の終わりに至るまで天皇であり続けることに変わりはありません」として、否定的な考えをにじませた。

この日のメッセージによって、国民は、天皇の御代替わりがはっきりと予定できる立場に置かれたのである。

これは江戸時代後期、第一一九代の光格天皇が仁孝《にんこう》天皇へ譲位をして以来、実に二百二年ぶりのことだ。三十年あまり続いた平成の御代は四月末日をもって終わり、徳仁皇太子が新たな時代の象徴として天皇に即位する。

国民は、元号に関心を持っている。元号が変わるにあたり、これまで、元号に関してはまったく無関心だった若者たちも、「元号は何に決まるか」「西暦があるから、元号って、どうでもいいと思っていたけど、けっこう日本らしくて大事かもしれない」などといった意見を述べたりしていた。国民やメディアからも、新元号不要という声は、はっきりとは聞こえてこない。

だからこそ、眞子さまと小室さんの会見は、なかなか興味深いものだったといえる。やがて、天皇の退位がシステムとして定着し、ある一定の周期で元号が変わるようになれば、西暦ですべてを処理するほうが合理的だという意見が出る可能性もある。現に若い世代は、たとえ皇孫であっても、記者会見では西暦を使う。それが何の違和感もなく受け止められる時代になっているのも確かだ。

一方で、思い起こせば私たちは「明治維新」という言葉にポジティブな感情を持っている。長い鎖国の時代が終わり、日本は世界の近代国家の仲間入りをした。まさにそのきっかけが「明治維新」であった。だから、単なる元号以上の意味を、この単語から読み取る。同じく、大正時代もまた、「大正ロマン」という言葉が多用され、どこか脆弱《ぜいじゃく》な社会基盤の上で花開いた文化を懐かしむ気持ちがある。そして、昭和は六十四年まで続き、その間に長い戦争もあった。だから、一概には語れないものの、近年よく使われるのは、「昭和レトロ」という表現である。ほんのりと温かく、家族や自然のぬくもりが伝わってくるような場面で、この言葉が登場する。IT（情報技術）が今ほど発達する以前に、人間と人間の直接の関わりですべてが進行した光景は、古くさくはあっても肯定的に解釈されている。

変化と継承は、平成の皇室にとってのキーワードだったように思える。平成が終わりを迎えようとしている今、元号の変化と継承に思いを馳せるのは自然なことだろう。

平成三十年十二月、陛下は最後の誕生日記者会見で、改めて大切なことを述べている。

「振り返れば、私は成年皇族として人生の旅を歩み始めて程なく、現在の皇后と出会い、深い信頼の下、同伴を求め、爾来《じらい》この伴侶と共に、これまでの旅を続けてきました。（中略）自らも国民の一人であった皇后が、私の人生の旅に加わり、六十年という長い年月、皇室と国民の双方への献身を、真心を持って果たしてきたことを、心から労《ねぎら》いたく思います」

ここから読み取れるのは、陛下の美智子さまに対する深い感謝の念である。

美智子さまのこれまでの道のりはけっして、穏やかで平坦《へいたん》なものばかりではなかった。険しい山坂を幾度も越えねばならない日々があった。民間から天皇家に嫁ぐことが、当時いかに大変だったかを身をもって体験されたことは多くの国民が知っている。だからこそ、陛下はあらゆる機会を捉えて美智子さまの「献身」に労いの言葉を惜しまないのである。

皇太子妃として迎えられた美智子さまが、最初に直面したのは宗教問題だった。正田家がクリスチャンの家系だったことや聖心女子大（先に述べたようにマッカーサー元帥が校舎建設に尽力した）というカトリック系の大学を卒業したことについて、神道に則《のっと》った皇室の慣習には馴染まないのではという憂慮や批判の声があった。

現在のように、皇族が学習院以外の学校に進学するのはあり得ない時代だった。国際基督教大などキリスト教系の大学を卒業した皇族は一人もいなかった。美智子さまはクリスチャンではなかったが、それでも何度も猜疑《さいぎ》の目で見られ、根も葉もない噂がマスコミによって報じられた。

昭和三十八年になると、今度は良子《ながこ》皇后（香淳皇后）や他の妃殿下方との宮中での軋轢が原因とみられる事態が発生した。浩宮徳仁親王出産から三年後の同年三月、宮内庁から「美智子妃殿下におめでたのきざしがあり」との発表があって間もなく、流産という悲劇に見舞われたのだ。宇佐美毅《たけし》宮内庁長官は当時の記者会見で、「美智子妃殿下は最近いろいろと精神的な疲労が大きかったようにお見受けされ、これが流産の原因ではないか」と答えている。

ようやく美智子さまに笑顔が戻ったのは、その後、葉山から軽井沢へと静養の日々を送り、秋を迎えるころになってからだった。

**勁《つよ》き声が甦った日**

やがて、恢復《かいふく》された美智子さまは昭和四十年十一月三十日、礼宮《あやのみや》文仁親王を出産された。

だが、二人まで男児が誕生したにもかかわらず、美智子さまのこころの葛藤は大きかった。真相は不明ながら、礼宮さまの誕生の少し前から、女性精神科医が美智子さまのご相談相手としてたびたび御所に呼ばれ、寄り添うようになったといわれている。

それは、第四章でも少し触れた神谷美恵子（一九一四〜七九）だ。哲学書や文学書の翻訳者としても知られていた。またハンセン病治療への献身的な関わりも忘れるわけにはいかない。神谷の父は戦後すぐに東久邇宮内閣と幣原《しではら》内閣の文部大臣を務め、さらに随筆家としても名高い前田多門である。

精神科医が東宮妃を訪ねるということは、当時の時代状況からして誤解を招きかねないため、神谷美恵子も一切口外しなかったし、表面化していない。

平成五年四月からその秋にかけて、突然のように「美智子皇后批判」と受け取れる刺激的なタイトルの記事が週刊誌を中心に出回るようになった。この年の一月には皇室会議で皇太子と小和田雅子さんの婚約が内定し、六月には結婚の儀が執り行われたただなかである。

神谷の名が水面下ながら再び現れたのは、そんなマスコミによる美智子さまへの強いバッシングが起きたときだった。それでもなお、神谷の役割はあくまでも「お話相手」であって、今日よく耳にするようなカウンセリングという言葉はけっして使われなかった。

昭和四十四年四月に紀宮清子《さやこ》内親王が誕生し、皇太子夫妻のお子さま方はみな順調に成長されていた。平成の時代となり、次男である秋篠宮が先に結婚し、皇太子も小和田雅子さんと結婚という慶事が続いていたさなかのバッシングだった。

それらの報道の一部とタイトルのみを紹介しておこう（すべて平成五年）。

『週刊文春』「吹上新御所建設ではらした美智子皇后『積年の思い』」（四月十五日号）
『宝島30』「皇室の危機『菊のカーテン』の内側からの証言」（八月号）
『週刊新潮』「美智子皇后を『女帝』と告発した宮内庁職員」（七月二十二日号）
『週刊新潮』「天皇訪欧費用『2億円』の中身」（九月九日号）
『週刊文春』「美智子皇后が『ムッ』としたある質問」（九月十六日号）

これらはほんの一部であるが、さながら「劇場型バッシング」の様相を呈していたことがわかる。こうしたいわゆる「美智子皇后バッシング」とされる記事は、当然ながら美智子さまのこころを深く傷つけずにはおかなかった。

同年十月二十日、「赤坂の御所内で皇后が倒れた」と夕刊各紙が一斉に報じた。「池永達雄侍医長が診察したところ、時折意識が遠のく様子で、問いかけに答えようとするが、言葉が出せないご様子」といった内容で、この間の報道でご心労が重なったのではないか、というのが各紙共通の見方だった。強い悲しみを受けたときなどに、言葉が発せられない症状が出ることがあり、一時的な休養が必要だろう、という侍医団の談話も掲載された。

うつつにし言葉の出《い》でず仰ぎたるこの望《もち》の月思ふ日あらむ(平成五年の作とされる御歌)

美智子さまの心因性とみられる「声を失った」症状は、平成六年二月にようやく恢復の兆しをみせる。陛下とともに訪れた硫黄島への慰霊の旅の帰途、立ち寄られた小笠原諸島の父島で、ほのかな希望となりそうなきっかけが摑《つか》めたのだ。父島の海岸でアオウミガメを放流している子どもたちに、美智子さまはこう語りかけた。

「次の波が来ると、カメは海に帰るのね」

ささやくような声が、やがてしっかりとしたご発声になるまで、そう月日はかからなかった。美智子さまが生来持っていた勁《つよ》き声は消えることなく甦《よみがえ》り、御代替わりへと引き継がれることになった。

### 「家族愛」と新しい皇室

正田美智子さんを伴侶にと願った約六十年前、皇太子は「自分にとっては皇太子としての義務が第一です。家庭生活などの私事はそれに次ぐものです」という言葉を伝え、美智子さまのこころを揺さぶったとされる。皇太子の義務とは、言うまでもなく男系の皇統を守ることにあった。

第八章でも少し触れたが、退位を希望された平成二十八年八月のビデオメッセージで、陛下は殯《もがり》の行事の重さについて述べられた。

これは、退位に、家族への過剰な負担を軽減させる意味を見いだしていると解釈できる。この場合、家族とは皇太子一家ならびに秋篠宮一家を意識されてのことだろう。そうか、そこまで家族の心労に思いを致していたのかと、あらためてその「家族愛」に胸を衝かれ、新たな皇室像を見る思いがした。

昭和天皇が先の大戦への深い内省の中にあって、ひたすらに育まれた良き伝統を、平成の両陛下は継承され慰霊、慰問の旅を続けた。新たに即位される新天皇・皇后が、憂いの残らぬ御代替わりを実現することが、国民の切に期待するところであろう。

# あとがき

日本の近代皇室の歴史が大きく塗り替えられたのは、間違いなく平成の時代においてだった。

その変化の現場に直接立ち会うことができた私たちは幸せだったといえるだろう。

これはすでに多くの人たちが語っていることだが、平成に入り、天皇、皇后両陛下のお姿が国民にとって、とても身近に感じられるようになった。

たとえば、私の知人の何人もが、両陛下のお姿にじかに接している。コンサートの帰りに皇后さまが車の中からお手振りをしてくださった。それは優しくて美しい微笑みだった。あるいは美術展の会場で、慈悲深い皇后さまの笑顔を拝見して胸がいっぱいになったというようなエピソードを興奮した口調で知り合いが語るのを何度耳にしたことだろう。

テレビの番組でも、両陛下のご友人が登場して、つい最近もお電話でお話ししたと述べたりする。皇后さまと自分は直接のパイプがあり、思《おぼ》し召しはよくわかっていると自信を露《あらわ》にするジャーナリストもいるとのこと。

それは、まさに皇室が国民の身近にあるからこその現象だろう。皇居の奥にひっそりと控えるのではなく、どんどん国民の中に分け入っていかれたのが平成の両陛下だった。

特に美智子さまは、どんな局面でも、人々との物理的な接触を厭《いと》わなかった。時には握手をし、肩に手を添え、そっと背中を抱いてあげる。深い哀しみや苦しみの底にいる被災者、病人、老人、その家族にとっては、美智子さまの励ましが生きる力となった。

神話の時代なら女神と崇《あが》められ、カトリックの世界なら聖女と目され、人々が憧憬の念を持って仰ぎ見る存在となられただろう。

そして、長い皇室の歴史の中で美智子さまは数々の変革を実行されたが、その最も顕著なものが、家族のあり様だったと思われる。

家族の絆を、これほどはっきりと可視化して見せてくれた皇后は美智子さまをおいてはいなかった。国民がまさに理想とする家族像がそこにあった。

それは、「象徴」という、戦後の天皇を語るために用意された言葉と見事に重なるものだと私には思われる。

本書の執筆のための取材に応じてくださった皆様にこころから感謝の意を表したい。ノンフィクションとは資料を集める作業だと思われがちだ。しかし、実際には集めた資料をいかに整理して削り取っていくかが最も難しい工程である。美智子さまの時代を生き抜いた女性たちの証言を、すべて書き切ることはできなかったが、それでも胸襟を開いて惜しみなく貴重な体験を語ってくれた方々の言葉が、本書の土台となったのである。

『サンデー毎日』に連載中は、編集部の佐藤恵さんに大変お世話になった。とにかくポジティブで仕事のテンポが速い彼女に、猛烈な勢いで引っ張ってもらって、なんとかゴールに漕ぎつけられた。佐藤さんが伴走してくれなかったら、きっと私は途中で骨折でもしてリタイアしていただろう。深く感謝している。

また、単行本にするにあたっては、書籍編集部の永上敬氏のお手を煩《わずら》わせた。御礼を申し上げたい。

さて、新しい時代はどのように推移していくのか。なるべく長生きをして、次の御代も見届けたいものだと切に願っている。

平成三十一年三月　　工藤美代子

# 主要参考文献


小川金男『宮廷』日本出版協同、一九五一年
原田熊雄『西園寺公と政局』（第三巻）岩波書店、一九五一年
ピエール・ロチ、村上菊一郎・吉氷清訳『秋の日本』角川文庫、一九五三年
藤島泰輔『孤獨の人』三笠書房、一九五六年
『聖心女子学院創立五十年史』聖心女子学院、一九五八年
小丸俊雄『千代田区の物語』千代田週報社、一九五八年
藤野登久子『花の奴隷』中央公論社、一九五八年
佐藤久『浩宮さま　美智子妃殿下の育児』番町書房、一九六二年
『平凡』一九六一年一月号〜一九六三年五月号
小泉信三『小泉信三全集』文藝春秋、一九六七年
牧野伸顕『回顧録』（下）中公文庫、一九七八年
『皇太子同妃両殿下　ご結婚20年記念写真集』時事通信社、一九七八年
曽野綾子『不在の部屋』文藝春秋、一九七九年
小山いと子『皇后さま』主婦の友社、一九八八年
小山いと子『人生十色』主婦の友出版サービスセンター、一九九〇年
牧野伸顕、伊藤隆・広瀬順晧編『牧野伸顕日記』中央公論社、一九九〇年
木下道雄『側近日誌』文藝春秋、一九九〇年

入江為年監修『入江相政日記』朝日新聞社編、一九九四〜一九九五年
猪瀬直樹『ペルソナ　三島由紀夫伝』文藝春秋、一九九五年
徳岡孝夫『五衰の人　三島由紀夫私記』文藝春秋、一九九六年
齋藤史『齋藤史全歌集1928-1993』大和書房、一九九七年
美智子『橋をかける　子供時代の読書の思い出』すえもりブックス、一九九八年
高松宮宣仁親王『高松宮日記』中央公論新社、一九九八年
宮原安春『祈り　美智子皇后』文藝春秋、一九九九年
『文藝春秋』二〇〇二年三月号
『皇后さまの御親蚕』扶桑社、二〇〇四年
原敬、原奎一郎・林茂編『原敬日記』福村出版、二〇〇〇五年
本庄繁『本庄日記』原書房、二〇〇五年
高橋英郎『三島あるいは優雅なる復讐』飛鳥新社、二〇一〇年
小田部雄次『昭憲皇太后・貞明皇后　一筋に誠をもちて仕へなば』ミネルヴァ書房、二〇一〇年
高倉やえ『星月夜』角川書店、二〇一三年
神吉創二『伝記　小泉信三』慶應義塾大学出版会、二〇一四年
山川三千子『女官　明治宮中出仕の記』講談社学術文庫、二〇一六年
工藤美代子『美智子皇后の真実』幻冬舎文庫、二〇一七年

その他、週刊誌（海外誌、増刊号、グラフ誌を含む）、新聞は本文記載どおりとし、割愛します。

本書は『サンデー毎日』平成三十年三月十八日号～（同）三十一年三月十七日号の連載をもとに加筆、修正したものです。

（文中一部敬称略）

工藤美代子（くどう・みよこ）

一九五〇年、東京都生まれ。ノンフィクション作家。
『工藤写真館の昭和』で講談社ノンフィクション賞受賞。
主な著書に『悪名の棺　笹川良一伝』
『絢爛たる醜聞　岸信介伝』
『母宮　貞明皇后とその時代　三笠宮両殿下が語る思い出』
『美智子皇后の真実』など。

装　丁　岡　孝治
写真　毎日新聞社
代表撮影

# 美智子《みちこ》さま　その勁《つよ》き声《こえ》

印刷　二〇一九年四月五日
発行　二〇一九年四月二十日

著者　工藤美代子《くどうみよこ》
発行人　黒川昭良
発行所　毎日新聞出版
〒一〇二−〇〇七四
東京都千代田区九段南一−六−一七　千代田会館五階
営業本部　〇三（六二六五）六九四一
図書第一編集部　〇三（六二六五）六七四五

印刷　精文堂
製本　大口製本


ISBN978-4-620-32583-5